DISCLAIMER

The author and publisher are providing this book and its contents on an "as is" basis and make no representations or warranties of any kind with respect to this book or its contents. The author and publisher disclaim all such representations and warranties, including but not limited to warranties of merchantability. In addition, the author and publisher do not represent or warrant that the information accessible via this book is accurate, complete, or current.

Except as specifically stated in this book, neither the author nor publisher, nor any authors, contributors, or other representatives will be liable for damages arising out of or in connection with the use of this book. This is a comprehensive limitation of liability that applies to all damages of any kind, including (without limitation) compensatory; direct, indirect, or consequential damages; loss of data, income, or profit; loss of or damage to property; and claims of third parties.

BESTACTIVITYBOOKS.COM

FIRST EDITION - Published 2022

Extra Graphic Material From: www.freepik.com
Thanks to: Alekksall, Starline, Pch.vector, Rawpixel.com, Vectorpocket, Dgim-studio, Upklyak, Macrovector, Stockgiu, Pikisuperstar & Freepik.com Designers

This Book Comes With Free Bonus Puzzles

Available Here:

BestActivityBooks.com/WSBONUS20

5 TIPS TO START!

1) HOW TO SOLVE

The Puzzles are in a Classic Format:

- Words are hidden without breaks (no spaces, dashes, ...)
- Orientation: Forward & Backward, Up & Down or in Diagonal (can be in both directions)
- Words can overlap or cross each other

2) ACTIVE LEARNING

To encourage learning actively, a space is provided next to each word to write down the translation. The **DICTIONARY** allows you to verify and expand your knowledge. You can look up and write down each translation, find the words in the Puzzle then add them to your vocabulary!

3) TAG YOUR WORDS

Have you tried using a tag system? For example, you could mark the words which have been difficult to find with a cross, the ones you loved with a star, new words with a triangle, rare words with a diamond and so on...

4) ORGANIZE YOUR LEARNING

We also offer a convenient **NOTEBOOK** at the end of this edition. Whether on vacation, travelling or at home, you can easily organize your new knowledge without needing a second notebook!

5) FINISHED?

Go to the bonus section: **MONSTER CHALLENGE** to find a free game offered at the end of this edition!

Want more fun and learning activities? It's **Fast and Simple!**
An entire Game Book Collection just **one click away!**

Find your next challenge at:

BestActivityBooks.com/MyNextWordSearch

Ready, Set... Go!

Did you know there are around 7,000 different languages in the world? Words are precious.

We love languages and have been working hard to make the highest quality books for you. Our ingredients?

A selection of indispensable learning themes, three big slices of fun, then we add a spoonful of difficult words and a pinch of rare ones. We serve them up with care and a maximum of delight so you can solve the best word games and have fun learning!

Your feedback is essential. You can be an active participant in the success of this book by leaving us a review. Tell us what you liked most in this edition!

Here is a short link which will take you to your order page.

BestBooksActivity.com/Review50

Thanks for your help and enjoy the Game!

Linguas Classics Team

1 - Antiques

မ	ဗ	မ	အ	လ	က	်	ဝ	တ	်	ရ	တ	န	ာ
လ	ေ	လ	ံ	ရ	ခ	ဦ	ဏ	သ	ါ	ယ	ထ	ဌ	ဦ
ပ	ါ	ဆ	အ	ဧ	ည	ယ	ဌ	ဖ	တ	ဌ	န	ဟ	မ
န	ဓ	ရ	သ	ဇ	စ	်	န	ျ	စ	ု	်	ယ	ဆ
်	စ	တ	ဲ	ု	င	်	အ	ထ	ယ	ဝ	း	အ	ရ
း	အ	ခ	ြ	ေ	အ	န	ေ	သ	ဠ	အ	န	လ	ဌ
ပ	အ	ဌ	ည	ဠ	က	ရ	လ	ဥ	ှ	ဇ	ျ	ျ	ဠ
ု	ဂ	ဓ	င	ခ	စ	ြ	အ	ဂ	ါ	ေ	ု	ဆ	ဇ
အ	န	ု	ပ	ည	ာ	စ	ေ	တ	အ	အ	း	င	ဆ
ဆ	်	ဠ	၁	င	ဖ	ု	်	ာ	ဦ	ဌ	ေ	်	။
ပ	း	င	က	ဠ	ဋ	ာ	ါ	မ	ှ	ည	ျ	ဖ	ဒ
ဒ	ခ	ဖ	အ	မ	ဧ	ရ	ဏ	လ	ျ	ဩ	စ	မ	၁
ရ	ြ	တ	ဩ	ဦ	ဋ	လ	ဂ	ဘ	ခ	န	ဖ	သ	ဖ
ာ	ပ	ဌ	ပ	ြ	ာ	း	ဂ	ါ	း	ု	်	င	ဒ

အနုပညာ
လေလံ
စစ်မှန်
ရှာစု
ဒင်္ဂါးပြား
အခြေအနေ
ဆယ်စုနှစ်
အလှဆင်

ကြော့
ပြခန်း
လက်ဝတ်ရတနာ
ဈေးနှုန်း
အရည်အသွေး
ပန်းပု
စတိုင်

2 - Food #1

သ	ဧ	ယ	င	◌ာ	ဥ	သ	လ	◌ီ	မ	◌ု	န	◌်	◌း
က	၁	မ	မ	◌်	◌း	စ	◌ိ	◌်	င	ပ	၁	ဖ	၁
◌ြ	ယ	ဗ	ခ	ရ	ည	◌်	ရ	◌း	◌်	င	ဟ	◌ျ	ဘ
◌ာ	ဇ	၁	တ	ဧ	ပ	တ	ဝ	ဋ	◌ါ	စ	ဂ	◌ေ	ပ
◌း	ဦ	က	က	ပ	◌ဲ	◌ေ	◌ြ	မ	ဌ	တ	ယ	◌ာ	ဂ
က	◌ာ	ဝ	န	◌်	◌ါ	◌ာ	ဏ	ဥ	ဝ	◌ေ	လ	◌်	လ
၁	◌ါ	ဆ	မ	လ	စ	◌်	ဒ	တ	တ	◌ာ	ရ	ရ	စ
ယ	ဧ	◌ာ	◌ု	◌ိ	စ	သ	င	ထ	ဋ	◌်	◌ှ	ည	အ
မ	ရ	ဇ	န	ဂ	လ	◌ီ	◌း	◌ာ	ဘ	ဘ	◌ု	◌်	ဂ
ခ	ဂ	အ	◌်	◌ှ	၁	◌း	ဋ	ဍ	သ	ယ	◌ိ	ရ	◌ါ
ပ	သ	ဍ	◌း	◌်	တ	ဆ	လ	တ	◌်	◌်	န	ဌ	တ
တ	◌ူ	န	◌ာ	င	တ	◌ိ	◌ု	ဖ	◌ူ	ရ	ဇ	ဉ	ဟ
အ	◌ိ	တ	◌်	အ	က	◌ာ	ရ	◌ိ	◌ု	◌ီ	န	ဒ	၁
ဘ	သ	က	◌ြ	က	◌်	သ	◌ွ	န	◌်	ဖ	◌ြ	◌ူ	စ

တရုတ်
ဘားလီ
ပင်စိမ်း
ကာရီ
ကနမုန်း
ကြက်သွန်ဖြူ
ဖျော်ရည်
လီမုန်း
နို့
အင်္ဂလိပ်

မြေပဲ
သစ်တော်သီး
ဆလတ်
ဆား
ဟင်းရည်
စတော်ဘယ်ရီ
သကြား
တိုဖူ
တူနာ
အတ်

3 - Measurements

ဒ	လ	ဉ	ခ	ည်	စ	င	◌်	◌ာ	◌ေ	အ	ရ	က	က
။	ဿ	ဒ	င	◌ါ	င	က	ဗ	ဗ	ဌ	ဥ	ဖ	◌ီ	◌ီ
က	ဧ	မ	ထ	က	◌်	လ	◌ိ	◌ု	◌ု	စ	အ	လ	လ
ခ	ဿ	◌်	ပ	◌ါ	တ	မ	ဿ	အ	၁	ယ	ဇ	◌ိ	◌ိ
အ	စ	က	ည်	ဂ	◌ီ	◌ိ	ယ	န	သ	ဧ	ခ	◌ု	◌ု
ဋ	လ	လ	ယ	ရ	မ	န	◌်	◌ွ	တ	စ	ဖ	မ	ဂ
ခ	ဒ	◌ေ	င	မ	◌ီ	စ	◌ျ	န	ထ	ဦ	ဦ	◌ီ	ရ
ည	ဟ	သ	◌း	◌်	တ	◌်	က	ဂ	ဉ	၁	။	တ	မ
◌်	န	ဝ	ည်	ခ	◌ာ	ဆ	အ	ဦ	ဘ	၁	ရ	◌ာ	◌်
◌ူ	ပ	ဟ	ဿ	ည်	◌ျ	ဆ	တ	ဒ	လ	ရ	ဘ	ဗ	င
ရ	သ	ည်	ဟ	ဖ	◌ာ	◌ိ	ဋ	ဆ	◌ီ	ဘ	ရ	ည်	ဂ
အ	မ	◌ြ	င	◌့	◌်	က	န	အ	တ	◌ာ	◌ီ	မ	ခ
ဘ	◌ိ	◌ု	င	◌်	တ	◌ီ	အ	◌်	◌ာ	ဘ	◌ွ	◌ဲ	◌့
ဌ	ဒ	လ	ဏ	လ	ဆ	ဏ	ပ	ဌ	◌ါ	က	ခ	င	ဘ

ဘိုင်တီ
စင်တီမီတာ
ဒဿမ
ဘွဲ့
အနက်
ဂရမ်
အမြင့်
လက်မ
ကီလိုဂရမ်
ကီလိုမီတာ

အရှည်
လီတာ
အစုလိုက်
မီတာ
မိနစ်
အောင်စ
တွန်
အလေးချိန်
အကျယ်

4 - Farm #2

ဘ ခ အ မ ဌ န လ ဘ အ ဖ န လ ဓ လ
ဥ ◌ာ ဖ န ဘ ◌ိ ဋ ၁ ◌ါ ဧ ဏ ◌ာ မ ယ
ဠ ဘ ◌း အ ဏ ◌ု အ ယ ၁ ဒ ဥ ◌း ◌ြ ◌်
ဓ န ဉ လ ယ ◌ွ ထ စ ◌ါ ဠ ၁ လ က သ
ဠ ဋ မ ဓ ◌ီ ထ ◌ွ န ◌ာ ဿ ဦ မ ◌် မ
ဒ ၁ ဘ ဘ ◌ဲ န န ဋ ဘ ◌း ဆ ◌ာ ပ ◌ာ
အ ပ သ ဥ မ ဗ ◌် က ◌ျ ◌ီ အ ◌း င ◌း
ခ ။ ◌ိ ရ ထ ဖ စ ဆ ခ မ ယ စ ◌် ဏ
ည ဆ ◌ု ။ ဋ ဗ က ဆ ◌ာ ။ ဿ ဝ ◌ာ လ
င ဟ ◌း ဩ ဆ ဂ ◌် ◌ာ ရ စ အ င န က
ဆ ည ◌် မ ◌ြ ေ◌ ◌ာ င ◌် ◌း ◌ှ ခ ဠ ဟ
ဂ ◌ျ ◌ု ◌ံ စ ပ ◌ါ ◌း ဆ ◌ါ ။ ရ ဆ ◌ာ
ယ တ ခ ဠ အ ဠ က ဇ ရ ၁ ဥ ဏ ◌ိ အ
◌ါ ဥ ဧ ဂ ဖ ည အ သ ◌ီ ◌း ဧ ဂ ◌ါ တ

တိရစ္ဆာန်
ဘားလီ
ကျီ
ဘဲ
လယ်သမား
အစားအစာ
အသီး

ဆည်မြောင်း
လားလမား
မြက်ပင်
နွား
သိုး
ထွန်စက်
ဂျုစပါး

5 - Books

ယ	ဇ	ဆ	ပ	ဒ	တ	ခ	ဏ	ယ	မ	ဒ	ဇ	စ	ည
စ	တ	◌ာ	ဆ	ပ	ထ	ဉ	ခ	ဖ	◌ေ	◌ိ	◌ာ	◌ွ	စ
ဟ	◌ာ	ဝ	တ	ပ	ဘ	ရ	ဌ	က	◌ာ	◌ု	တ	န	◌ာ
ဇ	စ	ရ	မ	◌်	ဌ	ဂ	ဿ	ဗ	◌်	င	◌်	◌ွ	ဖ
ဠ	◌်	ဉ	◌ေ	◌်	လ	ပ	ဒ	◌ျ	က	◌်	က	◌်	တ
ယ	◌ွ	င	ထ	◌း	◌း	မ	တ	◌ာ	◌ွ	အ	◌ေ	စ	◌်
◌ြ	တ	ဇ	ဂ	တ	သ	န	◌်	ပ	န	◌ာ	◌ာ	◌ာ	သ
ဝ	တ	◌္	ထ	◌ု	◌ာ	◌ူ	ည	◌း	◌်	လ	င	◌း	◌ူ
ခ	◌ြ	ဘ	န	ခ	ဟ	ဝ	ထ	◌်	◌း	တ	◌်	မ	ရ
သ	မ	◌ိ	◌ု	င	◌်	◌း	တ	ဖ	◌း	◌ီ	ဇ	◌ှ	◌ေ
စ	◌ု	ဆ	◌ေ	◌ာ	င	◌်	◌း	ဗ	င	စ	ဗ	◌ု	◌း
စ	◌ာ	မ	◌ျ	က	◌်	န	◌ှ	◌ာ	၁	ည	ရ	◌ြ	ထ
ဂ	င	ဥ	ဂ	ရ	ဍ	◌ါ	သ	ဒ	ဿ	ဒ	ည	◌ာ	◌ာ
ဒ	၁	ဇ	ဋ	သ	◌ါ	ဆ	။	ဋ	ဉ	ခ	သ	ဦ	◌း

စွန့်စားမှု
စာရေးသူ
ဇာတ်ကောင်
စဆောင်း
ဒိုင်အာလတီ
မော်ကွန်း
သမိုင်း
ဟာသ
တွစ်တာ
ဝတ္ထု
စာမျက်နှာ
ကဗျာ
စာဖတ်သူ
ဇာတ်လမ်း
ဝမ်းနည်းစရာ
ရေးထား

6 - Meditation

စ	◌်	တ	◌ဲ	သ	အ	၁	ဦ	ဦ	ဇ	လ	သ	စ	ဂ
ဓ	ဝ	◌ီ	ပ	ဘ	လ	ဌ	ဋ	ဘ	သြံ	◌ူ	န	◌်	တ
ဦ	ဓ	◌ဲ	ထ	◌ာ	ေ◌	က	ဂ	◌ီ	တ	◌ု	◌ာ	တ	တ
◌ာ	သ	လ	မ	ဝ	◌ှ	ဇ	သ	သ	ဆ	ပ	◌း	◌ဲ	◌်
တ	င	က	ဥ	မ	အ	အ	။	ထ	ဘ	◌ဲ	က	ခ	တ
ရ	ဌ	ရ	လ	ဉ	ထ	ဆ	တ	ဏ	ဒ	ရ	◌ြ	◌ိ	◌ဲ
ဠ	◌ူ	◌ါ	ဠ	ဗ	မ	အ	ဌ	ဏ	၁	◌ူ	င	စ	ဆ
လ	အ	◌ု	ထ	ဌ	◌ျ	အ	ဉ	ဝ	၁	◌ာ	◌ဲ	◌ာ	◌်
ဝ	က	၁	ထ	ဥ	◌ာ	ခ	ေ◌	ဋ	သ	◌း	န	◌း	တ
ဟ	◌ါ	◌ဲ	ဇ	ေ◌	◌း	တ	ဂ	◌း	လ	မ	◌ာ	မ	◌ဲ
ဧ	ရ	ဦ	ခ	န့	◌ာ	င	◌ဲ	◌ြ	က	◌ူ	မ	◌ူ	မ
ဧ	ဧ	◌ာ	ဂ	◌ိ	မ	င	ယ	ဓ	ဠ	◌ု	◌ူ	◌ု	◌ူ
စ	◌ါ	န	◌်	◌ု	◌း	အ	◌ှ	ဘ	ခ	ဥ	◌ု	ဏ	◌ု
ဇ	သြ	ဍ	ဘ	လ	ေ◌	◌ာ	◌ှ	◌ဲ	ခ	ဌ	င	ဋ	င

လက်ခံ
နိုး
အေး
ကလဲတီ
သနားကြင်နာမှု
စိတ်ခံစားမှု
ဘလော့
အလေ့အထများ
ကြင်နာ
စိတ်
လှုပ်ရှားမှု
ဂီတ
သဘာဝ
ရှုထောင်
တိတ်ဆိတ်မှု

7 - Days and Months

အ	ဂ	စ	ဒ	ဥ	မ	ခ	ရ	ဘ	ဇ	အ	တ	ဘ	အ
။	◌ု	၁	ဓ	၁	ဉ	တ	ည	ဧ	န	ေ◌	န	ထ	ပ
က	တ	ဧ	ပ	◌ြ	◌ီ	လ	◌်	စ	◌်	◌ာ	င	မ	ဗ
စ	◌်	◌ျ	န	ဋ	ဟ	ည	ဦ	လ	န	က	◌်	ဍ	◌ု
လ	င	◌်	လ	◌	◌ု	◌ူ	ဇ	ဉ	ဝ	◌်	◌ှ	ဩ	ဒ
ပ	ဍ	ဧ	မ	ဘ	၁	ပ	ည	ပ	◌ါ	တ	လ	ထ	◌ှ
သ	ေ◌	◌ာ	က	◌ြ	◌ာ	န	ေ◌	◌ွ	ရ	◌ိ	◌ာ	စ	ဓ
န	◌ွ	ေ◌	ဂ	◌ှ	◌်	င	န	တ	◌ီ	◌ု	န	န	ဟ
ဥ	န	ေ◌	◌ွ	ဂ	◌ါ	◌ှ	◌်	င	အ	ဘ	ေ◌	ေ◌	◌ူ
တ	စ	◌်	ပ	တ	◌်	ဿ	ဧ	တ	ည	◌ာ	◌ွ	န	◌း
ဦ	ပ	◌ြ	က	◌ှ	ခ	ဒ	◌ိ	န	◌်	လ	အ	ေ◌	န
ဖ	ေ◌	ဖ	ေ◌	◌ာ	◌်	ဝ	◌ါ	ရ	◌ီ	က	ဧ	◌ွ	ေ◌
က	◌ြ	◌ာ	သ	ပ	တ	ေ◌	◌း	န	ေ◌	◌ွ	စ	၁	◌ွ
ဩ	ဩ	ဩ	န	◌ိ	◌ု	ဝ	င	◌်	ဘ	◌ာ	လ	လ	စ

ဧပြီလ
ဂုတ်
ပြက္ခဒိန်
ဖေဖော်ဝါရီ
သောကြာနေ့
ဇန်နဝါရီ
ဇူလိုင်လ
မတ်လ
တနင်္လာနေ့
နိုဝင်ဘာလ

အောက်တိုဘာလ
စနေနေ့
စက်တင်ဘာလ
တနင်္ဂနွေ
ကြာသပတေးနေ့
အင်္ဂါနေ့
ဗုဒ္ဓဟူးနေ့
တစ်ပတ်
နှစ်

8 - Energy

မ	ပ	စ	ဘ	ပ	ဥ	ဩ	ဇ	ဇ	ဆ	ဏ	ဒ	ဟ	အ
ေ	ဧ	ဌ	က	တ	ွ	စ	်	တ	ာ	ဠ	။	ိ	ပ
ာ	ဦ	နှ	်	ရ	ွ	ထ	က	်	လ	ီ	အ	ု	ူ
်	ပ	ဦ	ထ	ဧ	ဥ	အ	၁	ယ	ပ	ဗ	ည	က	ည
တ	ု	ဏ	ရှ	လ	ျ	ှ	ပ	်	စ	စ	်	်	စ
ာ	ံ	န	ီ	ာ	တ	သ	ဓ	မ	ဗ	န	ဘ	ဒ	်
ပ	တ	်	ဝ	န	်	း	က	ျ	င	်	ဏ	ရ	ည
ဒ	်	ည	၁	ဂ	ဒ	ဩ	လ	ဓ	်	ဧ	္	ိ	မ
ီ	ာ	က	စ	ဿ	ာ	ဏ	ေ	ာ	ဂ	ပ	ဍ	ု	်
ဇ	ဓ	ာ	သ	ဖ	ဟ	ဌ	ာ	တ	ျ	ယ	ာ	ဂ	း
ယ	ဖ	ဗ	လ	ေ	လ	လ	င	်	်	ဿ	ရ	ျ	မ
်	ဿ	ွ	ဥ	လ	င	ဗ	်	ဆ	င	တ	ေ	င	ှ
ဓ	ဏ	န	ဠ	က	င	ဏ	စ	ီ	အ	ဥ	း	်	ု
ဍ	ဎ	်	စ	ဝ	လ	လ	ာ	စ	ပ	၁	ဖ	က	ဧ

ဘက်ထရီ
ကာဗွန်
ဒီဇယ်
လျှပ်စစ်
အီလက်ထရွန်
အင်ဂျင်
ဘဏ္ဍာရေး
ပတ်ဝန်းကျင်
လောင်စာ
ဓာတ်ဆီ
အပူ
ဟိုက်ဒရိုဂျင်
မော်တာ
ဓာတ်ပုံ
ညစ်ညမ်းမှု
တွစ်တာ
လေ

9 - Chess

ဆ	အ	မ	အ	ဉ	ယ	ဗ	ဏ	တ	ဒ	မ	ပ	ဖ	◌ာ
မ	န	◌ိ	ဌ	ခ	န	ဋ	င	ဥ	ယ	ဒ	ထ	ဧ	ဦ
ယ	က	ဖ	ဥ	ဩ	လ	ဥ	ဆ	အ	ဘ	။	။	ပ	ဝ
ဂ	◌်	◌ု	က	င	ည	ဋ	၁	ခ	ပ	ဩ	ဉ	◌ွ	ဥ
◌ိ	ရ	ရ	◌်	စ	ဝ	ထ	တ	◌ျ	ဝ	ဟ	မ	◌်	တ
မ	◌ေ	◌ာ	ဖ	မ	◌ာ	ဧ	ဂ	◌ိ	ဘ	◌ု	ရ	င	◌်
◌်	◌ာ	◌း	င	ယ	ဟ	◌း	လ	န	ဩ	ယ	ဖ	◌်	ဖ
◌း	င	က	◌်	ခ	ဩ	◌ာ	သ	◌်	ဿ	ဒ	ပ	◌ု	◌ြ
မ	◌်	ဌ	◌ု	ဋ	ဟ	၁	ဗ	မ	က	ဖ	ဆ	◌ိ	င
ပ	ဗ	လ	◌ိ	န	ဗ	ည	ဌ	◌ျ	◌ာ	ဌ	ဗ	◌ြ	◌ွ
င	ဏ	◌ူ	◌ြ	ဖ	အ	မ	ပ	◌ျ	◌ူ	◌း	ဆ	ပ	◌်
ခ	ဆ	လ	ပ	ဘ	မ	က	◌ာ	ပ	◌ာ	ဟ	ဏ	ဧ	◌ာ
ဋ	စ	၁	ဘ	ဿ	◌ာ	ဥ	ဟ	စ	ဂ	ဥ	◌ာ	ဟ	◌ေ
ခ	◌ျ	န	◌်	ပ	◌ီ	ယ	◌ံ	ဍ	◌ာ	ဍ	ဝ	ဍ	ထ

အနက်ရောင်
ချန်ပီယံ
ထောင့်ဖြတ်
ဂိမ်း
ဘုရင်
ပြိုင်ဖက်
ဗမာစာ

ကစားသမား
မိဖုရား
မဟာဗျူဟာ
အချိန်
ပြိုင်ပွဲ
အဖြူ

10 - Archeology

က	လ	စ	တ	ဂ	အ	ခ	န	ခ	ဥ	ဓ	ဝ	အ	ဇ
◌ျ	ဠ	မ	◌ု	◌ူ	က	◌ျ	ေ◌	◌း	◌်	ဉ	ယ	ရ	ရ
◌ွ	။	မ	ဗ	အ	◌ဲ	တ	တ	ဦ	ဇ	မ	ဓ	◌ိ	အ
မ	ဟ	ယ	◌ိ	မ	ဖ	သ	◌ွ	သ	◌ီ	တ	ေ◌	◌ူ	သ
◌်	ထ	ဝ	မ	ည	◌ြ	တ	ဝံ	မ	လ	စ	ဗ	◌း	ပ
◌း	ဝ	တ	◌ာ	◌်	တ	◌်	ေ◌	ခ	◌်	ဘ	န	ဘ	ဗ
က	ေ◌	◌္	န	မ	◌်	ရ	ည	ဦ	ဖ	ဘ	ယ	ဧ	လ
◌ျ	စ	ထ	◌်	သ	ခ	ဏ	ယ	ဥ	ပ	ဋ	◌ီ	◌ာ	တ
င	◌ူ	◌ူ	တ	◌ိ	◌ြ	ယ	◌ါ	◌်	ဓ	ဥ	သ	အ	ရ
◌်	ဥ	မ	ေ◌	ဘ	င	ဝ	ဧ	ဥ	လ	တ	◌ြွ	ခ	ဏ
သ	ဆ	◌ျ	◌ာ	ဘ	◌်	န	ည	ဖ	လ	စ	ဦ	က	ထ
◌ှူ	ခ	◌ာ	◌်	သ	◌း	ဓ	ဓ	ဘ	ဘ	၁	◌်	န	လ
ဌ	ဘ	◌း	န	က	◌်	န	◌ဲ	သ	ေ◌	◌ာ	အ	ရ	◌ာ
မ	◌ျ	◌ိ	◌ု	◌း	ဆ	က	◌်	◌ြ့	ဒ	ဍ	သ	က	ယ

အရိုး
ယဉ်ကျေးမှု
မျိုးဆက်
ခေတ်
အကဲဖြတ်ခြင်း
ကျွမ်းကျင်သူ
နက်နဲသောအရာ
ဝတ္ထုများ
ရယ်လစ်
သုတေသီ
ဝေစု
ဗိမာန်တော်
တွမ်ဘီ
အမည်မသိ

11 - Food #2

င	ဂ	ခ	ဂ	ဂ	ထ	ဂ	ယ	တ	မ	◌ှ	◌ိ	◌ု	စ
◌ှ	ထ	◌ျ	◌ျ	ဝ	စ	က	◌ြ	က	◌်	သ	◌ာ	◌း	ပ
က	ဌ	ေ◌	◌ု	ဆ	◌ံ	ခ	ဇ	အ	ဥ	◌ိ	ဋ	၁	◌ျ
◌်	ဌ	◌ာ	◌ံ	ဌ	◌ံ	◌ဲ	စ	ဝ	ဂ	၁	ပ	◌ါ	စ
ပ	ဋ	က	စ	မ	◌ု	န	◌့	◌်	◌်	င	◌ါ	◌း	◌်
◌ျ	စ	လ	ပ	ဥ	ပ	◌်	ခ	ဧ	ပ	ပ	ပ	စ	သ
ေ◌	ပ	က	◌ါ	◌်	ဧ	◌ိ	ထ	ခ	လ	န	ဋ	လ	◌ီ
◌ာ	တ	◌်	◌း	ခ	ဖ	ဒ	ယ	ဋ	န	တ	◌ာ	ဆ	◌း
သ	ဿ	◌ွ	ဥ	◌ျ	သ	◌ီ	◌း	◌း	◌်	န	ပ	န	ထ
◌ီ	င	စ	စ	န	။	ဌ	ဆ	ဥ	ဉ	ယ	ဒ	◌်	ဝ
◌း	၁	ခ	ဏ	◌်	ဘ	ရ	◌ိ	◌ု	က	◌ိ	◌ု	လ	◌ီ
ခ	။	ဿ	ရ	◌ိ	တ	ဝ	င	န	◌ါ	◌်	င	။	◌ီ
ဘ	င	ဘ	၁	ဒ	ဟ	◌ာ	စ	င	ဟ	ပ	◌ြ	ဋ	က
ခ	ရ	မ	◌်	◌း	ခ	◌ျ	ဉ	◌်	သ	◌ီ	◌း	က	ဇ

ပန်းသီး
ပုံစံ
ငှက်ပျောသီး
မုန့်
ဘရိုကိုလီ
တစ်တာ
ဒိန်ခဲ
ပိတ်
ကြက်သား
ချောကလက်

ကြွက်ဥ
ဥဂ်ပလန်
ငါး
စပျစ်သီး
ကီဝီ
မှို
ဆန်
ခရမ်းချဉ်သီး
ဂျုံစပါး
ဒိန်ချဉ်

12 - Chemistry

ခ	၁	တ	င	န	ဋ	ခ	ည	ဟ	က	ဝ	ဒ	အ	။
အ	◌ိ	◌ု	င	◌်	အ	န	◌်	◌ိ	◌ာ	၁	ရ	ပ	ဓ
က	ဠ	ဓ	ခ	ခ	ဓ	လ	ည	◌ု	ဗ	င	က	◌ူ	◌ာ
င	ယ	ဧ	အ	◌ျ	ဝ	ပ	ရ	က	◌ွ	◌်	◌ျ	ဋ	တ
◌ာ	မ	◌်	ခ	◌ိ	ဇ	ဂ	အ	◌်	န	◌း	◌ူ	၁	◌်
အ	ဠ	ဿ	လ	◌ူ	ဥ	ည	ပ	ဒ	◌်	ဇ	◌း	ဦ	င
အ	ယ	စ	ဝ	ပ	င	◌်	◌း	ရ	◌ု	◌ိ	လ	က	◌ွ
န	သ	◌်	ဂ	အ	◌်	ရ	◌ာ	◌ိ	ဋ	◌ု	◌ီ	န	◌ေ
◌ု	ဘ	ဆ	လ	ယ	ဓ	စ	ဆ	◌ု	ဟ	◌်	◌်	ရ	◌ှ
မ	င	◌်	။	က	ဘ	ဏ	◌်	ဂ	◌ါ	င	◌ာ	ဖ	ဂ
◌ြ	◌ါ	က	ဒ	က	◌ာ	ဿ	ပ	◌ျ	က	အ	◌ေ	◌ါ	ထ
◌ူ	ဦ	အ	ဒ	သ	။	လ	ဧ	င	။	ဟ	မ	ဠ	ဋ
ပ	၁	န	ပ	ဒ	ပ	◌ါ	င	◌်	ခ	ဆ	ပ	ဥ	ပ
ဧ	င	◌်	ဂ	◌ျ	ဆ	◌ီ	က	◌်	◌ာ	◌ေ	အ	ဒ	ပ

အက်ဆစ်
အယ်လကာလင်
အနုမြူ
ကာဗွန်
ကယ်လပ်စ်
ကလိုရင်း
အင်ဇိုင်း
ဓာတ်ငွေ့
အပူ
ဟိုက်ဒရိုဂျင်
အိုင်အန်
အရည်
မော်လီကျူး
အောက်ဆီဂျင်
ဆား
အပူချိန်

13 - Music

ခ	ဆ	ဿ	ြ	◌ာ	င	ဂ	ဆ	ဧ	ဋ	ည	ဒ	ဟ	မ
တ	◌ူ	ရ	◌ိ	ယ	◌ာ	အ	ယ	◌်	လ	◌်	ဘ	မ	◌်
◌ာ	◌်	ဓ	ဠ	အ	လ	ည	ဝ	◌ေ	စ	◌ု	င	က	သ
ဇ	ဌ	လ	ပ	ဥ	◌ာ	ဇ	ဌ	◌ါ	န	ဗ	◌ါ	ဧ	မ
ဟ	ခ	ည	◌ာ	ဓ	ဆ	အ	ဆ	◌ိ	◌ု	တ	◌ေ	◌ာ	◌်
သ	န	ခ	ဓ	◌ေ	ဓ	င	◌်	ပ	◌ြ	◌ိ	◌ု	◌ံ	သ
ဂ	င	၁	ဌ	ဋ	ဘ	ဘ	ဥ	ဇ	က	င	ဏ	ည	◌်
စ	◌်	အ	ရ	ဥ	ဒ	ဉ	ဝ	◌ါ	◌း	◌း	◌်	ည	စ
ဥ	◌း	ဗ	ဿ	ဟ	သ	စ	◌ါ	ဒ	ဏ	တ	အ	ဒ	ရ
ဿ	ဇ	ဦ	ယ	ဗ	ပ	ဝ	ထ	ခ	ဟ	ဿ	ည	ဆ	ဆ
၁	◌ာ	ဉ	က	၁	ဂ	ဂ	သ	တ	ဧ	၁	ဟ	ဓ	ဥ
င	◌်	ရ	◌ှ	ည	◌ာ	ပ	တ	◌ီ	ဂ	ဌ	ဠ	ဠ	ဗ
အ	◌ေ	◌ာ	◌်	ပ	ရ	◌ာ	ဏ	ဂ	လ	ဗ	ဉ	င	င
ဦ	န	ဘ	ထ	ပ	သ	ဟ	ထ	ဟ	။	ဧ	ဇ	ဧ	ဠ

အယ်လ်ဘမ်
ဘောလတ်
သံပြိုင်
ဝေစု
သဟာဇာတ
တူရိယာ
သီလ
ဂီတ
ဂီတပညာရှင်
အော်ပရာ
ရစ်သမ်
စည်းဝါး
အဆိုတော်
နှင်း

14 - Family

ဘ	ပ	ဓ	န	န	ခ	မ	ာ	ာ	ဗ	လ	ဗ	သ	ဘ
ရ	ိ	ဦ	န	က	ပ	ြ	သ	ြ	ဧ	င	ခ	ခ	ဘ
ဋ	ဿ	ု	ံ	က	ဓ	ေ	မ	မ	အ	ဥ	ဇ	ခ	အ
ါ	ဿ	ဝ	း	ဲ	ဲ	း	ိ	ဍ	ာ	မ	ူ	တ	ါ
ထ	က	ခ	ပ	ဘ	ါ	ဝ	း	ဋ	သ	ိ	ေ	လ	။
ဍ	ဍ	ဧ	ွ	ေ	ေ	ဘ	ရ	ဇ	လ	ည	ဖ	ထ	န
အ	ဘ	ရ	ဲ	ဖ	ဒ	း	က	လ	ေ	း	က	ာ	ဆ
ပ	ဖ	ဓ	င	အ	အ	ေ	ဒ	အ	ယ	။	လ	ဓ	ယ
ဝ	။	ဏ	ခ	ဇ	သ	လ	ဟ	ဥ	ဟ	ဟ	ေ	ဦ	ဓ
ဦ	အ	ခ	ြ	ဗ	န	က	ာ	ပ	တ	ဏ	း	း	။
ဧ	ဖ	ဏ	စ	ဦ	ဟ	ရ	ဥ	ဦ	ဌ	ူ	မ	လ	သ
ာ	ိ	ဂ	ဘ	ဝ	ည	မ	ဒ	ဍ	ည	ဋ	ျ	ေ	ဘ
ဇ	ု	ဝ	မ	ဲ	း	က	ွ	ဲ	ဦ	ဗ	ာ	း	ဥ
အ	း	ဇ	န	ိ	း	အ	စ	ဲ	မ	သ	း	ဂ	သြ

ဘိုးဘေး
အဒေါ်
အစ်မ
ကလေး
ကလေးဘဝ
ကလေးများ
ဝမ်းကွဲ
သမီး
အဘ
အဖိုး

မြေး
ခင်ပွန်း
အမေ
တူ
တူမ
အဖေဘက်က
ညီမ
ဦးလေး
ဇနီး

15 - Farm #1

သ	ဩ	ဘ	န	၁	ဖ	က	ဘ	◌ာ	။	ဿ	ဖ	ရ	လ
မ	◌ိ	ဉ	ရ	◌ွ	ဇ	ပ	◌ြ	ဒ	စ	စ	သ	ဟ	ယ
◌ြ	ဦ	◌ု	◌ေ	ဥ	◌ာ	◌ာ	န	က	ယ	ဍ	ဍ	ဟ	◌်
◌ေ	◌ါ	စ	◌း	◌ာ	ပ	◌း	ဌ	ဖ	◌်	န	ဆ	◌ေ	က
သ	ဉ	ဦ	ပ	ခ	◌ွ	◌ေ	◌း	ဗ	ဆ	သ	ဉ	◌း	◌ွ
◌ြ	ဌ	ထ	◌ျ	ပ	က	ဘ	◌ီ	န	င	◌်	◌ာ	၁	င
ဇ	န	က	◌ိ	က	◌ြ	◌ေ	◌ာ	င	◌်	ဿ	ရ	◌း	◌်
◌ာ	င	စ	◌ု	ပ	◌ျ	◌ာ	◌း	ရ	ည	◌်	ဏ	မ	◌း
မ	◌ျ	◌ာ	◌း	စ	◌ေ	◌ွ	◌း	◌ု	◌ိ	◌ျ	မ	◌ြ	ပ
မ	ည	ဟ	က	မ	င	ဝ	ရ	ဌ	◌ါ	ဥ	လ	ည	◌ျ
ဒ	မ	င	◌်	◌း	◌ြ	မ	◌ေ	ဦ	ဧ	ဥ	ပ	◌်	◌ာ
ဘ	ရ	◌ိ	◌ု	◌း	ည	◌်	◌း	စ	◌ံ	◌ြ	ခ	◌း	◌း
ဿ	တ	◌်	◌ိ	ဆ	ဥ	က	က	ဟ	၁	ဌ	◌ါ	၁	ခ
ဗ	ပ	ဆ	စ	န	◌ွ	◌ာ	◌း	သ	င	ယ	◌်	ဝ	န

စိုက်ပျိုးရေး
ပျား
ဘိနပ်
နွားသငယ်
ကြောင်
ကြက်သား
နွား
ခွေး
မြည်း
ခြစည်းရိုး

မြေဩဇာ
လယ်ကွင်း
သိုး
ဆိတ်
ဟေး
ပျားရည်
မြင်း
ဆန်
မျိုးစေ့များ
ရေ

16 - Camping

ဦ	ဇ	ဥ	ဥ	ဂ	အ	ဇ	အ	မ	ဆ	ဋ	ခ	ဧ	စ
ဋ	◌း	◌ု	◌ီ	◌ြ	က	မ	စ	ည	◌ီ	◌ါ	ဆ	သ	◌ွ
ဒ	◌ူ	ထ	တ	ဝ	အ	ရ	◌ဲ	ဉ	ယ	◌း	င	စ	န
က	န	ပ	◌ု	◌ံ	ေ◌	◌ြ	မ	လ	၁	ဂ	ခ	◌်	◌ွ
◌ါ	က	ဝ	ဦ	ပ	မ	တ	◌ဲ	ဘ	◌ိ	ဌ	ဏ	တ	◌်
က	ဗ	◌ျ	◌ာ	င	◌်	◌ာ	ေ◌	တ	။	◌ု	ရ	ေ◌	စ
ဖ	◌ာ	ယ	ဋ	လ	ခ	ဝ	စ	င	အ	ဒ	က	◌ာ	◌ာ
တ	◌ိ	ရ	စ	◌္	ဆ	◌ာ	န	◌်	င	ထ	ထ	◌်	◌း
ပ	ဉ	တ	မ	။	ထ	ဘ	◌်	ပ	◌်	ဝ	ဗ	ဝ	မ
က	ဝ	ဋ	ဆ	ဘ	ဥ	သ	က	◌်	◌း	အ	မ	သ	◌ှ
ဉ	တ	ဉ	ဓ	ယ	ဘ	သ	ေ◌	စ	ဆ	ပ	ဿ	ဟ	◌ု
ရ	ထ	ဓ	◌ါ	ဇ	န	ခ	ရ	သ	က	ယ	န	◌ါ	ရ
ဩ	ဿ	ဋ	ည	ဝ	ဟ	။	ဟ	ပ	◌်	ဏ	ဗ	တ	ဗ
က	က	ဧ	ဆ	ရ	ယ	ဧ	ဏ	ဓ	◌ာ	ဍ	စ	။	မ

စွန့်စားမှု
တိရစ္ဆာန်
ကဗျာ
ကနူး
မီး
သစ်တော
ဦးထုပ်
အမဲလိုက်

အင်းဆက်
ရေကန်
မြေပုံ
တောင်
သဘာဝ
ကြိုး
တဲ
သစ်ပင်

17 - Algebra

အ ဗ ဗ ဥ စ ရ ယ ၁ ပ ဆ သ င ဖ ဏ
သ န ဖ ဉ ရ တ ခ အ ◌ြ ဓ ညှ ဠ ◌ြ နှ
ထ ည ◌ု သ ရ ဌ ဥ ၁ ဿ စ ◌ီ န ေ◌ ◌ံ
ပ ဇ လ တ တ ယ သ ဋ န ဥ မ ဋ ရ ပ
န ◌ု ဘ ◌ိ ◌် ဆ တ လ ◌ာ ဆ ◌ျ က ◌ှ ◌ါ
ဇ ဓ ◌ံ င ◌ု ပ င ရ ။ ဇ ◌ှ အ င တ
မ ဖ ဦ က ဧ င ၁ ဩ ဇ လ မ ဠ ◌် ◌်
ဦ လ ◌ာ မ ◌ြ ◌ူ ◌် ◌ာ ေ◌ ဖ ◌ှ န ◌း ဗ
ဟ ဧ ဌ ရ ◌ါ မ ဗ ◌း င ဖ ◌ု ဠ ခ မ
စ ဗ ခ ဘ ဉ ယ ◌် ဒ ဂ ◌ာ ဟ လ ◌ျ ဥ
အ မ ည ◌် ဠ ဇ ဗ ◌း စ ပ ဘ ၁ က ဆ
ရ ◌ိ ◌ု ◌း ရ ◌ှ င ◌် ◌း သ ေ◌ ◌ာ ◌် ဉ
အ ခ ◌ျ က ◌် အ ဆ ◌ု ◌ံ ◌း မ ရ ◌ှ ◌ိ
မ ဂ ဓ သ ဉ ထ ဍ ဒ ခ ဠ ဂ ဋ လ င

ပုံကြမ်း
ညီမျှမှု
အချက်
ဖော်မြူလာ
အဆုံးမရှိ
လိုင်း
အမည်
နံပါတ်
ပြဿနာ
ရိုးရှင်းသော
ဖြေရှင်းချက်
အနုတ်
သုည

18 - Numbers

ဆ	ယ	◌ွ	◌်	ခ	◌ြ	◌ေ	◌ာ	က	◌်	စ	တ	ဩ	တ
ဆ	ယ	◌်	ဆ	စ	◌်	န	◌ှ	◌်	◌ွ	ယ	ဆ	မ	စ
ဝ	ဆ	ခ	◌ု	န	စ	◌်	န	ရ	ဓ	သ	ဆ	လ	◌်
ခ	◌ြ	◌ေ	◌ာ	က	◌်	တ	◌ှ	စ	ဆ	◌ု	တ	တ	ဆ
လ	◌ေ	◌း	ယ	ဥ	◌ှ	။	စ	◌်	ယ	ည	ဇ	။	ယ
◌ာ	သ	လ	ခ	ဉ	ရ	န	◌်	န	◌ွ	ထ	ဒ	မ	◌်
တ	၄	။	သ	တ	စ	ဗ	ဆ	◌ု	◌်	ဖ	င	ဓ	◌ွ
လ	အ	စ	၉	ဗ	ည	ပ	ယ	ခ	လ	။	က	ပ	ရ
မ	ဂ	ဩ	◌ာ	ထ	ဆ	ခ	◌်	၁	◌ေ	န	◌ါ	ဇ	◌ှ
ဒ	ဿ	မ	ဗ	ဗ	ဇ	ဠ	ဿ	ဆ	◌း	ဏ	◌ှ	ရ	စ
ဒ	၄	င	ရ	ဝ	ဓ	။	ဆ	ဥ	◌ါ	သ	၁	စ	◌်
ည	ရ	ယ	◌ါ	စ	ဇ	ဿ	။	ည	င	◌ု	ဧ	၄	◌်
ဖ	ဦ	တ	ရ	ဠ	ယ	ည	င	ဉ	ဩ	◌ံ	စ	ဓ	ဿ
◌း	◌ု	◌ိ	က	◌်	◌ု	◌း	န	က	◌်	◌း	၄	ခ	၁

ဒသမ
ရှစ်
တစ်ဆယ့်ရှစ်
ငါး
လေး
ဆယ့်လေး
ကိုး
ကိုးနက်
တစ်
ခုနစ်
ခုနစ်ရက်
ခြောက်
ဆယ့်ခြောက်
ဆယ်
တဆယ်
သုံး
ဆယ့်နှစ်
နှစ်ဆယ်
နှစ်
သုည

19 - Spices

လ	င	သြွံ	ဘ	အ	ဇ	ဆ	ဖ	ခ	ဓ	။	ခ	ရ	အ
◌ေ	◌်	ရ	မ	သ	ရ	ပ	အ	ဇ	၁	စ	◌ျ	◌ွ	င
◌း	ပ	ဇ	◌ု	ဦ	ဓ	သ	◌ါ	ဥ	ဖ	မ	◌ိ	◌ူ	◌်
ည	န	◌ါ	◌ံ	တ	န	။	◌ာ	ပ	ရ	◌ု	◌ု	◌ေ	◌့
◌ူ	◌ံ	ဟ	ဒ	ရ	◌်	င	ဆ	ဏ	◌ါ	န	မ	ဝ	ဂ
င	◌ံ	င	◌ာ	ဥ	◌း	က	ဥ	ပ	ထ	◌်	◌ြ	◌ါ	လ
◌်	န	◌်	က	ဂ	◌ု	ခ	◌ေ	ယ	င	န	◌ိ	ရ	◌ိ
◌း	ဇ	◌း	ဗ	◌ျ	မ	◌ါ	တ	◌ာ	သ	က	န	◌ေ	ပ
ပ	◌ီ	မ	န	မ	န	◌း	ဟ	ပ	င	◌်	◌်	◌ာ	◌်
◌ွ	ဇ	ဆ	◌ီ	◌်	က	သ	ဦ	◌ီ	◌်	◌်	ည	င	ဆ
င	◌ီ	ယ	လ	ဘ	ရ	◌ေ	မ	◌်	◌း	စ	◌း	◌်	◌ာ
◌ွ	င	န	◌ာ	◌ိ	ဏ	◌ာ	မ	မ	◌ျ	◌ာ	ထ	ဇ	◌း
◌်	က	ဘ	◌ါ	◌ု	◌ါ	လ	ဇ	အ	ဂ	၉	က	ထ	ဦ
က	◌ြ	က	◌်	သ	◌ွ	န	◌်	ဖ	◌ြ	◌ှ	ရ	မ	လ

အမ်ပီယာ
ခါးသော
ကာဒမံ
ကနမုန်း
လေးညှင်းပွင့်
နံနံပင်
ဇီဇ
ဟင်း
စမုန်နက်
အရသာ
ကြွက်သွန်ဖြူ
ဂျင်း
ဂျမ်ဘို
အင်္ဂလိပ်
ပါပါ
ငရုတ်ကောင်း
ရွှေဝါရောင်
ဆား
ချိုမြိန်
ဗနီလာ

20 - Universe

ဘ	ဌ	ဿ	သ	ဘ	ဖ	ဿ	ဓ	ခ	လ	မ	လ	န	စ
ဟ	ဇ	။	◌ာ	◌ီ	၁	ဆ	ည	လ	ထ	◌ု	တ	ေ◌	က
န	က	◌ြ	ယ	◌်	စ	င	◌်	ေ◌	က	ေ◌	◌ီ	ရ	◌ိ
◌်	က	ဇ	ဌ	◌ာ	◌ာ	ဩ	ဂ	ထ	ေ◌	◌ာ	တ	ေ◌	◌ှ
◌း	န	◌္	◌ာ	ေ◌	င	ဟ	လ	◌ှ	◌ာ	င	◌ူ	◌ာ	င
က	ေ◌	ဒ	ခ	အ	ဂ	ဌ	က	မ	င	◌်	◌း	င	◌်
◌ှ	အ	က	ဥ	တ	န	ဖ	◌်	ဥ	◌်	မ	ဂ	◌်	◌း
◌ံ	◌ိ	ဗ	သ	ရ	◌္	။	ဆ	ဘ	◌း	◌ိ	သ	ခ	ရ
◌ြ	မ	ပ	။	ဦ	ဘ	တ	◌ီ	ဏ	က	◌ှ	ဌ	◌ြ	ဆ
ခ	◌်	ဖ	ဝ	ရ	ဠ	ဇ	ဗ	ဉ	င	က	◌ါ	ည	လ
ခ	ေ◌	တ	◌်	စ	မ	◌်	◌း	ေ◌	◌်	◌်	ဟ	◌်	ယ
မ	◌ြ	င	◌်	န	◌ိ	◌ှ	င	◌်	ဒ	ဖ	◌ာ	ည	ပ
န	ပ	ရ	အ	အ	အ	◌ိ	က	◌ွ	ေ◌	တ	◌ာ	ဒ	ဏ
မ	◌ိ	◌ု	◌း	က	◌ု	တ	◌်	မ	◌ြ	◌ိ	◌ု	◌ွ	ဒ

ကြယ်စင်
နက္ခတ္တဗေဒ
လေထု
ကောင်းကင်
နေအိမ်
မှောင်မိုက်
အီကွေတာ
ဂလက်ဆီ

ခြံကုန်း
မုးကုတ်မြို့
လတိတွား
အော်ဘိ
စကိုင်း
နေရောင်ခြည်
ခေတ်စမ်း
မြင်နိုင်

21 - Mammals

ဌ	ဥ	ဿ	ဩ	ဝ	စ	က	ည	ဿ	ည	ဌ	ဝ	ဒ	န
ဏ	ဌ	င	လ	◌ံ	ဘ	ဇ	ဦ	ရ	ဝ	ခ	မ	ဒ	ဥ
သ	◌ံ	◌ု	◌း	ပ	ဿ	လ	ဉ	ဋ	င	က	မ	လ	ဒ
က	ဒ	ခ	◌ာ	◌ု	သ	ဥ	ဘ	စ	◌ာ	ပ	◌်	◌ိ	လ
◌ြ	ဿ	ည	◌ွ	လ	◌ေ	မ	◌ျ	◌ေ	◌ာ	က	◌်	ဝ	ယ
◌ေ	◌ှ	လ	န	◌ွ	◌့	ဝ	◌ေ	လ	င	◌ါ	◌း	ဘ	◌ံ
◌ာ	သ	ဿ	င	◌ေ	င	◌်	ပ	◌ိ	◌ု	◌း	◌်	င	လ
င	ဟ	ဧ	အ	။	◌်	ဋ	င	ထ	ယ	◌ု	န	◌်	◌ာ
◌်	ဘ	မ	ဂ	◌ါ	◌	ဗ	ဋ	ဆ	ဗ	မ	ဏ	◌း	◌ု
စ	က	ဘ	န	ဒ	◌ြ	ဇ	◌ိ	◌း	ဘ	ရ	◌ာ	◌ြ	◌ိ
။	ဝ	လ	ဓ	ဖ	ခ	◌ွ	◌ေ	◌း	လ	ဗ	လ	မ	ဂ
င	သ	စ	◌်	က	◌ု	လ	◌ာ	◌း	အ	◌ု	တ	◌်	က
သ	◌ာ	◌း	ပ	◌ိ	◌ု	က	◌်	က	◌ေ	◌ာ	င	◌်	င
ဋ	ခ	ဧ	ဓ	အ	ဗ	စ	မ	◌ြ	◌ေ	ခ	◌ွ	◌ေ	◌း

ဝက်ဝံ
လှေ့
နွား
ကြောင်
လိပ်စာ
ခွေး
လင်းပိုင်
ဆင်
မြေခွေး
သစ်ကုလားအုတ်
ဂိလာ
မြင်း
သားပိုက်ကောင်
ခြသေ့
မျောက်
ယုန်
သိုး
ဝေလငါး
ဝံပုလွေ
ဇီးဘရာ

22 - Fishing

က ဂ ဖ ဘ ဒ ဟ ည သ ဘ လ ဂ ယ န အ
ယ မ ◌ျ မ သြ ဂ င မ ဍ ဠ ဟ လ ဒ လ
◌ာ ဍ ◌် ◌ာ ဟ ဝ ဗ ◌ှ အ ဍ တ မ လ ေ◌
ခ စ ည ◌း ဝ ၁ ။ ဒ မ ဍ ထ သ ◌ု ◌း
င ဥ မ ပ ခ ◌ါ ဠ ◌+ ◌ာ ဂ သ ခ ေ◌ ခ
ဂ မ အ အ စ ◌ြ ◌း ဒ ။ ဟ ဠ ဧ ၁ ◌ျ
ဿ ည ဝ န ◌် က ေ◌ ရ ရ န ဉ လ ဝ ◌်
ဇ အ စ မ ◌ြ ဥ န ◌ာ မ ◌ု ◌် ◌ှ ယ န
သ ဍ ယ တ မ ဖ စ ဍ ထ ဿ ဆ မ န ◌်
ဠ ◌ာ ဧ နွ ဉ ဥ ◌ာ ထ လ ဇ ဦ သ ဂ ရ
ရ ၁ တ ဦ ◌ါ ဆ ဦ တ ခ င ပ ဠ ။ ◌ာ
သ ည ◌် ◌း ခ ◌ံ ခ ◌ြ င ◌် ◌း ရ ဒ သ
ဒ င ◌ွ က ဋ ယ က ဥ ဍ လ စ ဥ ေ◌ ◌ီ
။ ဘ ဟ ဖ ည ဋ ဦ ခ ဋ ဿ ဉ ဘ ◌ါ ယ

စာ
အမည်
ကမ်းခြေ
လှေ
မှူ
ဟွတ်
ဂျာဝါး

ရေကန်
သမုဒ္ဒရာ
သည်းခံခြင်း
မြစ်
ရာသီ
ရေ
အလေးချိန်

23 - Restaurant #1

ဋ ဉ ဿ ဧ ဏ ဓ ပ နှ ◌် က ◌း ◌် ႏ ပ
ဂ ထ ဿ င ဖ ◌ာ ရ ဦ ခ ေ◌ ဂ ဆ မ ဉ
ဓ ပ ဿ ◌ါ ဩ တ ဿ ◌ါ ည ◌ာ ဥ ဿ ◌ီ စ
ဓ ◌ာ ။ ၁ က ◌် စ ပ ◌် ◌် င က ◌း ◌ာ
ဗ စ ◌း ဆ ဿ မ ◌ာ ◌ွ ရ ဖ ဉ အ ဖ ပ
က ဥ င ႏ ဇ ေ◌ အ ◌် ပ ◌ီ ဿ ဇ ◌ိ ◌ု
ဖ ◌ြ ဓ ဘ ဓ ဂ ◌း ◌ု ◌ြ ခ ဗ ◌ါ ◌ု ◌်
ဟ ဩ က တ ဘ ◌ျ ◌ာ ◌ိ ◌ာ ဓ ဧ လ ခ ထ
ဋ အ ပ ◌် ဧ ◌ီ စ ◌ျ ◌ံ င ည ဆ ◌ျ ◌ိ
စ စ အ အ သ ဒ အ ခ င ◌ာ က ရှ ေ◌ ◌ု
သ ခ င စ မ ◌ာ ဿ အ ဝ အ ဘ ဦ ◌ာ ◌း
ဠ ဩ ဆ သ အ ည ◌း ◌ာ သ အ ဠ ၁ င ယ
ည က ဉ ဟ ႏ ◌ွ ◌် ◌ု မ ဧ ႏ ဘ ◌် ဠ
ဏ ည သ ခ သ ဘ အ ဘ ထ မ ◌ါ ဏ သ ◌ါ

ဓာတ်မေဂျီ
ပန်းကန်
မုန့်
ကြက်သား
ကော်ဖီ
အချိုပွဲ
အစားအစာ
မီးဖိုချောင်

ဓား
အသား
အမည်
ကင်
ငံပြာရည်
စပ်
စာပွဲထိုး

24 - Bees

ဗ ဟ ခ လ ပ ◌ိ ◌ု လ ◌ီ နှ ◌ာ တ ◌ာ မ
ဂ ဟ ေ◌ န ဇ ◌ာ ဦ ဓ ဏ ဂ စ ဩ ဂ ◌ိ
အ အ က ◌ျ ◌ိ ◌ု ◌း ရ ◌ှ ◌ိ သ ေ◌ ◌ာ ဖ
ပ ပ ည ပ ပ န ◌် ◌း ပ ◌ွ င ◌ွ ◌် ◌ု
◌ိ င င ဉ ဘ ၁ ည ◌ီ ◌် ဝ ဇ ဏ ဩ ရ
◌ု ထ က ◌် ဓ ဒ င သ ယ န သ ဧ မ ◌ာ
လ ခ ◌ာ ◌ာ မ ဩ င အ ဥ ဝ ပ ဩ ဋ ◌း
နှ ဇ ဟ ◌ျ န ◌ျ စ ပ ဩ ။ က ဏ အ တ
◌် ဧ ဆ ယ ပ ဆ ◌ာ န ◌ျ ဗ ◌် ဗ ◌ု ဌ
၁ ဘ ဆ ဥ ပ ◌ါ အ ◌း ည ◌ာ ဆ ဘ ◌ံ ဗ
က ◌ွ ◌ဲ ပ ◌ြ ◌ာ ◌း မ ◌ှ ◌ု ◌း ဓ မ ဘ
ပ ◌ါ ည ဟ ဋ ထ ◌ာ ဿ ဌ ဖ ◌် ရ ◌ှ ဩ
ထ ဠ လ ဘ ဟ ခ စ တ ဋ ဝ င ဩ ည ဟ
ဂ ဟ တ ပ မ ◌် အ ◌ိ ေ◌ န အ ဏ ဂ ◌်

အကျိုးရှိသော
ပန်းပွင့်
ကွဲပြားမှု
ဂဟေ
ပန်း
အစားအစာ
အသီး
ဥယျာဉ်

အုံမှ
ပျားရည်
အင်းဆက်
အပင်များ
ပိုလန်
ပိုလီနာတာ
မိဖုရား
နေအိမ်

25 - Photography

အ	ဆ	န	◌ွ	◌်	က	◌ျ	င	◌်	ဘ	က	◌်	စ	ဗ
ရ	က	ဖ	ဦ	ရ	◌ု	◌ံ	အ	◌ာ	င	◌်	◌ြ	မ	အ
◌ာ	ပ	င	အ	က	◌ြ	◌ေ	◌ာ	င	◌်	◌း	အ	ရ	◌ာ
မ	ဒ	◌ု	◌်	ဇ	ဗ	ဝ	အ	◌်	◌ာ	ဘ	အ	မ	ရ
◌ျ	ဏ	က	◌ံ	မ	န	ဘ	လ	ရ	◌ေ	ဝ	သ	◌ှ	◌ှ
◌ာ	ဆ	န	ဓ	စ	ရ	တ	င	◌ေ	ဘ	ဿ	◌ာ	◌ေ	◌ု
◌း	မ	ဓ	။	ခ	◌ံ	◌ာ	◌်	◌ာ	ဿ	ထ	◌း	◌ာ	ထ
ပ	အ	ရ	◌ေ	◌ာ	င	◌်	◌း	◌်	ဘ	ဇ	ဝ	င	◌ေ
သ	◌ု	◌ြ	၁	ဏ	ည	။	ရ	က	ရှ	စ	ယ	◌်	◌ာ
န	ဆ	◌ံ	ဇ	၁	ရ	ည	◌ေ	န	ဦ	ဆ	က	မ	င
ဠ	န	က	တ	ဏ	ဖ	◌ြ	◌ာ	အ	ယ	။	စ	◌ိ	◌ွ
ဂ	ဘ	ဘ	ဖ	◌ူ	ဂ	ဿ	င	က	အ	ဗ	◌ာ	◌ု	◌်
◌ျ	◌ာ	မ	◌ျ	◌ာ	◌း	ပ	◌်	◌ိ	ရ	အ	◌ြ	က	ဠ
ဖ	◌ွ	◌ဲ	◌ွ	စ	ည	◌်	◌း	မ	◌ှ	◌ှ	ဟ	◌်	ဠ

အနက်ရောင်
ကင်မရာ
အရောင်
ဖွဲ့စည်းမှု
ဆန့်ကျင်ဘက်
မှောင်မိုက်
ပုံစံ
ဘောင်
အလင်းရောင်
အရာများ
ရှုထောင့်
ပုံတူ
အရိပ်များ
အကြောင်းအရာ
အသား
အမြင်အာရုံ

26 - Sports

န	ဟ	အ	ဒ	◌ာ	ဂ	ေ◌	◌ါ	က	◌်	သ	◌ီ	◌း	ဩ
ည	လ	ေ◌	◌ာ	◌ိ	ဆ	ဉ	ဉ	◌ါ	လ	ည	ဩ	ရ	စ
◌်	သ	ယ	◌ာ	◌း	◌ု	ဧ	ဘ	ဏ	ဓ	သ	◌ါ	ဒ	◌်
◌း	စ	ဏ	◌ာ	◌်	က	င	◌်	ရ	◌ျ	◌ှ	ဆ	န	န
ပ	◌ါ	ဂ	ဘ	သ	က	စ	◌်	ပ	ဂ	◌ိ	မ	◌်	◌း
◌ြ	ဧ	ဘ	ေ◌	◌ာ	ဂ	◌ီ	◌ာ	လ	ဝ	န	ဗ	ထ	◌်
က	က	စ	◌ာ	ဩ	င	ဉ	အ	◌း	◌ူ	ဟ	ဧ	ဘ	င
စ	အ	ဟ	က	ဌ	ခ	ထ	◌ာ	စ	က	က	ဒ	ဇ	တ
◌ာ	စ	က	◌်	ဘ	◌ီ	◌း	◌း	ရ	ရ	◌ွ	◌ြ	ဩ	န
◌း	ဉ	ဩ	က	စ	သ	ဂ	က	ဓ	က	၁	င	◌ီ	ဉ
သ	ဧ	ဏ	စ	ဂ	ဋ	တ	စ	ဝ	ေ◌	စ	◌ု	◌်	◌း
မ	ဘ	ခ	◌်	ဆ	◌ာ	ည	◌ာ	၁	ပ	ဖ	◌ာ	ဌ	◌း
◌ာ	သ	မ	တ	ဉ	ဘ	◌ာ	◌း	မ	◌်	◌း	◌ွ	◌ျ	က
◌း	ယ	ဉ	ဘ	ဘ	ေ◌	◌ွ	စ	◌်	ဘ	ေ◌	◌ာ	ည	က

ဘော့စ်ဘော
ဘတ်စကက်ဘော
စက်ဘီး
နှည်းပြ
ဂိမ်း
ဂေါက်သီး
အားကစား
ကျွမ်းဘား
ဟော်ကီ
ကစားသမား
ဒိုင်လူကြီး
အားကစားကွင်း
ဝေစု
တင်းနစ်
ဆုရှင်

27 - Weather

လ	လ	လ	အ	ေ	◌း	ဏ	ဉ	ဗ	။	အ	သြ	လ	အ
ေ	န	ေ	လ	ေ	တ	◌်	◌ု	က	◌ဲ	ခ	မ	◌ျ	ပ
ည	ရ	ထ	ရ	◌ာ	သ	◌ီ	ဥ	တ	◌ု	ြ	ဖ	◌ွ	◌ူ
င	အ	◌ု	ဋ	ဏ	ဦ	ခ	ဋ္ဌ	ခ	◌ဲ	ေ	ရ	ပ	ပ
◌ဲ	ဍ	ရ	န	◌ဲ	◌း	က	◌်	ရ	◌ီ	◌ာ	ဟ	◌ဲ	◌်
◌း	မ	ဒ	ေ	တ	မ	မ	တ	◌ံ	◌ဲ	က	သ	စ	◌ု
ဥ	ပ	◌်	ဋ	◌ာ	ဉ	ဖ	ဟ	မ	ဋ	◌ဲ	ဓ	◌ီ	င
ဗ	၁	ဇ	◌ု	◌ာ	င	ရ	န	◌ာ	င	ခ	ဒ	◌း	◌ဲ
ခ	ဝ	ဟ	ဖ	◌း	န	◌ဲ	ခ	◌ျ	◌်	◌ူ	ပ	အ	◌း
ဇ	ဥ	ရ	ဓ	ည	က	ခ	အ	န	◌ါ	ဉ	အ	ခ	ဒ
ဒ	ဿ	ရ	လ	န	သ	ြ	ယ	သ	ယ	ဋ	က	ဇ	ေ
ဇ	မ	◌ဲ	တ	◌်	◌း	◌ု	◌်	မ	◌ှ	၁	။	ဌ	သ
င	◌ဲ	◌း	တ	◌်	◌ု	န	◌ဲ	◌ု	မ	ေ	ဓ	တ	ဆ
မ	ြ	◌ူ	န	◌ု	င	◌ဲ	◌း	က	◌း	ဇ	◌း	ဖ	ဟ

လေထု
လေညင်း
အေး
ရာသီဥတု
မိုးတိမ်
အခြောက်
မြူနှင်း
ဟာရီကိန်း
ရေခဲ
လျှပ်စီး
အရောင်အသွေး
သက်တံ
မုန်တိုင်း
အပူချိန်
မိုးကြိုး
အပူပိုင်းဒေသ
လေတိုက်

28 - Circus

တ	တ	လ	ဉ	မ	ခ	ဋ	ဧ	ဏ	◌ါ	။	ဘ	ဥ	မ
◌ိ	◌ဲ	က	ဘ	ည	◌ှ	ရ	ဝ	◌ါ	ဧ	ယ	ဂ	ထ	◌ျ
ရ	သ	◌်	ဦ	ခ	သ	ေ◌	◌ွ	င	◌်	◌္	◌ြ	ခ	ေ◌
စ	က	မ	ဥ	ဿ	ည	◌း	◌ာ	◌ျ	က	င	ဆ	င	◌ာ
◌္	◌ြ	◌ှ	တ	ခ	န	ဖ	◌ါ	◌်	ဥ	တ	ဆ	လ	က
ဆ	◌ာ	တ	န	ဟ	ဿ	◌ြ	ထ	ရ	စ	◌်	ဌ	ဋ	◌်
◌ာ	◌း	◌်	က	ရ	ဿ	ေ◌	အ	ဆ	◌ု	◌ံ	◌း	ဉ	ဖ
န	လ	န	ဏ	လ	ည	◌်	အ	ဒ	◌ါ	ခ	မ	မ	ဆ
◌်	◌ု	စ	န	င	◌ါ	◌ာ	ဉ	သ	ဆ	ဠ	စ	သ	ယ
ဗ	◌ံ	ဘ	ဦ	◌ာ	◌ါ	ေ◌	ဗ	ဒ	ရ	င	ဦ	ယ	ထ
ဋ	◌း	◌ါ	ယ	မ	ဌ	◌ျ	ထ	ဇ	အ	။	လ	သ	တ
အ	ဆ	ဠ	တ	ပ	ဒ	ဖ	◌ါ	ဠ	ဠ	တ	၁	ဿ	◌ါ
န	◌ာ	ခ	◌ျ	◌ီ	တ	က	◌်	ပ	◌ွ	◌ဲ	ဓ	ဆ	သ
ပ	ဏ	ဋ	ဘ	ဒ	ဂ	ဍ	လ	ရ	က	ဍ	◌ာ	ဂ	အ

တိရစ္ဆာန်
သကြားလုံး
ဆင်
ဖျော်ဖြေရေး
အဆုံး
ခြင်္သေ့
မှော်

မျောက်
ဂီတ
ချီတက်ပွဲ
တဲ
လက်မှတ်
ကျား
ထရစ်

29 - Tools

ပ	ဏ	။	၁	အ	က	အ	◌ူ	◌်	က	ဝ	လ	ထ	ဉ
◌ာ	လ	တ	ပ	မ	◌ေ	◌ိ	ဦ	◌ာ	ဌ	ဂ	◌ာ	ဉ	ပ
ဂ	ခ	◌ာ	ထ	ည	ဘ	မ	ဘ	◌ီ	◌း	◌ေ	လ	ဖ	ဒ
ဩ	ဏ	ဗ	ယ	◌်	ယ	◌်	ဆ	က	ရ	◌ါ	◌ာ	တ	ခ
မ	ဗ	န	တ	◌ာ	◌်	ည	ဠ	◌ြ	ယ	◌်	ဠ	လ	ဟ
စ	ဧ	ယ	ဒ	◌ူ	လ	သ	ဦ	◌ေ	ဧ	ပ	ခ	ဝ	ဖ
ဆ	၁	မ	ည	ဠ	◌်	ခ	င	◌း	ဥ	◌ြ	စ	မ	ဆ
က	◌ြ	◌ိ	◌ု	◌း	ဠ	◌ာ	◌်	◌်	ထ	◌ာ	ဆ	စ	ဏ
ဖ	ဿ	ဖ	န	။	ဗ	◌း	တ	တ	တ	◌း	ည	ဟ	ခ
ဉ	ဝ	စ	ဉ	ဗ	ဆ	ဿ	◌ိ	က	ဿ	◌ု	သ	က	◌ာ
◌ါ	ဟ	န	န	◌်	ဆ	◌ိ	◌ု	ပ	ဦ	န	န	င	ပ
ဝ	ဿ	အ	ဆ	။	ဿ	ဿ	◌း	◌ာ	ဦ	သ	◌ါ	◌်	ဝ
ဧ	ဂ	တ	ထ	ဟ	ဉ	ဂ	◌ီ	ခ	သ	ဠ	ဉ	ဖ	◌း
လ	ထ	ရ	ဂ	ပ	၁	ဆ	မ	ဿ	ဌ	ဧ	၁	ဌ	ရ

ပုဆိန်
ကေဘာယ်လ်
အမည်
တူ
ဓား
အိမ်
ပလာယာ
သင်တုန်း
ကြိုး
ကတ်ကြေး
ဝက်အူ
ဂေါ်ပြား
လာလာ
မီးတိုင်
ဘီး

30 - Restaurant #2

ဒ	ဉ	မ	က	◌ာ	ဩ	စ	ည	ဝ	ဦ	အ	အ	သ	ဗ
ဏ	ဇ	မ	ည	◌်	ဏ	◌ာ	ဆ	ဥ	ဉ	ခ	သ	ဉ	ဦ
ဆ	လ	တ	◌ဲ	။	တ	ည	ဗ	◌ါ	က	န	◌်	ဩ	လ
တ	စ	◌ါ	ရ	◌်	ဉ	◌ဲ	ဒ	ဿ	ခ	◌ဲ	◌း	◌ာ	ဆ
အ	◌ာ	ဓ	◌း	ဧ	အ	လ	မ	ရ	စ	◌း	◌ြ	ဖ	◌ါ
၁	◌း	ဘ	◌ဲ	တ	ဥ	◌ွ	ဟ	◌ှ	န	◌ါ	င	က	ဏ
သ	ပ	င	င	ပ	◌ါ	◌ေ	ပ	ဗ	န	။	ဥ	ဟ	ဠ
ဠ	◌ွ	◌ါ	ဟ	ဆ	ဇ	န	ဝ	၁	◌ဲ	◌ွ	ထ	ဇ	ည
ဂ	◌ဲ	◌း	ဉ	ဥ	ရ	စ	ဉ	ဉ	◌း	က	◌ဲ	စ	ဍ
ရ	ထ	မ	အ	ရ	သ	◌ာ	စ	ည	◌ွ	ဧ	ဒ	ဂ	စ
◌ေ	◌်	န	ဉ	င	ရ	ပ	ဉ	ဓ	ဇ	ဥ	◌ါ	သ	ဠ
ခ	◌ှ	ခ	ဝ	ဉ	ဦ	◌ဲ	ယ	မ	ဒ	ဧ	◌ာ	ခ	ဍ
◌ဲ	◌း	ဧ	ဓ	ဩ	၁	◌်	င	အ	ဒ	ဇ	ဩ	စ	ဝ
အ	င	င	ည့	ရ	◌ေ	လ	က	ယ	ဧ	ဓ	ခ	ဒ	င

ကိတ်မုန့်
အခန်း
အရသာ
ညစာ
ကြက်ဥ
ငါး
လိပ်စာ
အသီး
ရေခဲ
နေ့လည်စာ
ဆလတ်
ဆား
ဟင်းရည်
ဇွန်း
အိမ်
စားပွဲထိုး
ရေ

31 - Geology

ဂ	အ	။	သ	ဏ	စ	အ	ဗ	လ	◌ူ	မ	◌ျ	◌ာ	◌း
ဓ	◌ေ	ဗ	စ	◌ါ	ယ	သ	◌ြ	ဝ	န	ဥ	ဠ	။	က
ဘ	ဆ	◌း	◌်	က	◌ြ	◌ီ	◌း	က	◌်	◌ု	◌ီ	တ	ယ
ဥ	◌ြ	ည	ဆ	◌်	ည	မ	အ	◌ာ	တ	ဿ	တ	မ	◌်
◌ာ	ည	န	◌်	◌ာ	တ	ဧ	◌ြ	အ	လ	ဆ	◌ိ	◌ီ	လ
ဌ	ဓ	ဌ	က	◌ေ	င	လ	◌ျ	င	◌်	◌ာ	◌ု	◌း	စ
သ	ဋ	ခ	အ	◌ျ	ည	ခ	လ	ဌ	◌်	◌း	က	တ	◌ီ
က	◌ိ	မ	ဥ	က	သ	န	◌္တ	တ	◌ာ	ဝ	◌်	◌ေ	ယ
က	◌ွ	သ	အ	လ	◌ွ	◌ှ	◌ာ	၁	◌ေ	၁	စ	◌ာ	မ
က	◌ာ	◌ာ	ရ	ရ	ဖ	တ	ဝ	ဋ	မ	◌ာ	◌ာ	င	◌်
သ	ဋ	◌ြ	◌ွ	◌ာ	ဌ	◌ြ	ထ	ဋ	ဌ	ဦ	◌း	◌်	ဉ
ဉ	ရ	ခ	ဆ	ဇ	ဥ	ဧ	ဇ	ဋ	က	ဗ	မ	ဝ	၁
င	ဠ	ဖ	ထ	မ	◌်	အ	◌ိ	◌ေ	န	ဧ	◌ှ	ဿ	စ
ဧ	ဿ	အ	င	◌ွ	◌်	မ	◌ြ	န	◌်	◌း	◌ှ	က	လ

အက်ဆစ်
ကယ်လစီယမ်
ခမ
တိုက်ကြီး
သန္တာ
သံသရာ
ငလျင်
တိုက်စားမှု
ဂေးဆာ
နေအိမ်
အလွှာ
မော်လီတန်
ကုန်းမြင့်
ကျွာဇ
ဆား
အမည်
လူများ
ကျောက်
မီးတောင်

32 - House

မ	◌ု	◌ံ	◌း	◌ေ	◌ြ	က	ဧ	ဿ	ဆ	ဟ	ဂ	◌ာ	ည
မ	◌ျ	စ	◌ာ	က	◌ြ	ည	◌့	◌်	တ	◌ိ	◌ု	က	◌်
◌ီ	အ	က	ခ	◌ြ	◌ံ	စ	ည	◌်	◌း	ရ	◌ိ	◌ု	◌း
◌း	ခ	န	◌်	◌း	ခ	ပ	◌်	◌ိ	အ	က	လ	ရ	စ
အ	န	၁	င	န	ပ	ဇ	ဌ	စ	ဋ	◌ု	ဒ	မ	က
◌ိ	◌်	ဦ	ခ	ဒ	◌ှ	အ	လ	။	ဇ	လ	ယ	◌ျ	◌်
မ	◌း	ဇ	ဌ	ခ	ဘ	◌ာ	င	◌ာ	◌ေ	◌ာ	မ	◌ာ	မ
◌်	မ	◌ြ	န	◌်	မ	◌ာ	က	ဿ	◌ာ	◌း	မ	◌း	◌ြ
ဩ	ခ	ဥ	ယ	◌ျ	◌ာ	ဉ	◌်	◌ျ	ဆ	က	င	◌့	◌ံ
ရ	◌ါ	အ	◌ိ	မ	◌်	ယ	ဩ	ဖ	က	◌ာ	က	◌ာ	တ
ဇ	◌း	ဥ	အ	◌ါ	မ	◌ိ	◌ု	◌း	င	◌်	◌ါ	◌ေ	ခ
န	◌ံ	ရ	◌ံ	ဝ	င	◌်	◌း	ဒ	◌ိ	◌ု	◌း	သ	ပ
န	တ	မ	◌ီ	◌း	ဖ	◌ိ	◌ု	ခ	◌ျ	◌ေ	◌ာ	င	◌်
က	◌ှ	မ	◌်	◌း	ပ	◌ှ	င	◌်	ဒ	တ	ဒ	ည	ခ

အိပ်ခန်း
တံမြက်စည်း
မျက်နှာကျက်
ကုလားကာ
တံခါး
မြန်မာ
ခြံစည်းရိုး
ကြမ်းပြင်
ဥယျာဉ်
သော့များ
မီးဖိုချောင်
မီးအိမ်
စာကြည့်တိုက်
ကြေးမုံ
ခေါင်မိုး
အခန်း
ဇော
အိမ်
နံရံ
ဝင်းဒိုး

33 - Physics

န	◌်	◌ု	◌ှ	မ	အ	င	◌်	ဂ	◌ျ	င	◌်	ဘ	သ
ယ	၁	အ	ဆ	◌ှ	ေ◌	ဓ	◌ာ	တ	◌ု	ဗ	ေ◌	ဒ	◌ံ
ဝ	န	က	◌ွ	◌ု	တ	◌ာ	ပ	◌း	◌်	မ	ရ	ပ	ပ
ဖ	◌်	◌်	◌ဲ	ပ	◌ီ	စ	◌်	အ	လ	◌ျ	င	◌်	◌်
ဓ	ရ	တ	င	◌်	န	မ	က	လ	◌ြ	အ	ယ	လ	သ
◌ာ	◌ွ	မ	င	စ	◌ီ	◌ှ	ဟ	◌်	◌ီ	က	ပ	◌ာ	ည
တ	ထ	◌်	◌်	◌်	ဂ	◌ု	င	တ	ပ	က	ဘ	မ	◌်
◌်	က	စ	အ	က	◌ု	ပ	ဒ	ပ	သ	◌ြ	◌ျ	◌ြ	◌း
င	◌်	၄	◌ာ	ဆ	ဂ	◌်	အ	လ	ခ	ဥ	င	◌ှု	ဆ
◌ွ	လ	အ	◌း	◌ြ	မ	သ	ထ	ရ	ဗ	◌ြ	ည	◌ီ	◌း
ေ◌	◌ီ	၁	ဆ	ဋ	က	◌း	သ	၄	◌ှ	ဇ	၄	◌ာ	ဟ
◌ွ	အ	က	◌ြ	◌ီ	မ	◌်	ရ	ေ◌	ဆ	◌ီ	လ	ေ◌	။
၁	ပ	◌ာ	ည	ဓ	ခ	မ	စ	ဧ	စ	ဧ	န	ဖ	ဉ
က	◌်	လ	◌ံ	◌ှ	◌ှ	စ	အ	ဘ	က	လ	ဟ	◌်	ယ

အရှိန်
အက်တမ်
ပရမ်းပတာ
ဓာတုဗေဒ
သိပ်သည်းဆ
အီလက်ထရွန်
အင်ဂျင်
စမ်းသပ်မှု
ဖော်မြူလာ
အကြိမ်ရေ
ဓာတ်ငွေ့
ဆွဲငင်အား
မဂ္ဂနိတ်
အစလိုက်
စက်ပြင်
မော်လီကျူး
အမှုန်
ဆက်စပ်မှု
အလျင်

34 - Bathroom

မ	ဗ	ဌ	ခ	အ	ရ	ဏ	က	ဌ	ဥ	ည	ဘ	န	ဆ
ဒ	ဆ	ပ	ဟ	ဖ	◌ိ	ေ◌	ရ	◌ြ	စ	စ	အ	ဇ	ပ
ဆ	ဩ	ဠ	မ	ဉ	န	မ	မ	ဩ	ေ◌	ဓ	မ	ဇ	◌်
ဋ	ခ	င	ဿ	တ	ထ	ဗ	◌်	◌ြ	န	◌း	။	မ	ပ
ဗ	ဍ	ဿ	န	မ	ဦ	ဋ	ဇ	ဿ	◌ှ	မ	မ	အ	◌ြ
တ	◌ိ	◌ု	ဝ	◌်	လ	◌်	ေ◌	ဏ	။	◌ု	ဂ	◌ု	◌ာ
က	တ	◌်	က	◌ြ	ေ◌	◌း	◌ာ	ဂ	ပ	က	ပ	ရ	◌ံ
ဒ	ပ	ဆ	ဋ	န	ဌ	ပ	ဖ	။	◌ါ	င	။	◌်	ရ
ရ	ေ◌	ခ	◌ျ	◌ိ	◌ု	◌း	ခ	◌ြ	င	◌်	◌း	အ	ေ◌
ပ	◌း	ဖ	မ	◌ြ	န	◌်	မ	◌ာ	◌်	ဉ	ဒ	◌ိ	မ
◌ာ	◌း	ဩ	ဇ	ဂ	ရ	ပ	ဋ	ဩ	◌း	အ	ဿ	မ	◌ွ
ဧ	◌ာ	ယ	ဩ	င	◌်	◌း	ဖ	ေ◌	◌ာ	◌ူ	ပ	◌်	◌ှ
ဂ	သ	ဦ	ရ	ထ	ဍ	◌ာ	ဦ	ခ	ေ◌	ဏ	မ	သ	ေ◌
လ	အ	ဇ	ရ	န	◌ာ	ဉ	ဟ	◌ာ	ထ	သ	ရ	◌ာ	◌း

ရေချိုးခြင်း
ပူဖောင်း
မြန်မာ
အသားပေး
ကြေးမုံ
ရေမွှေး
ဇော
ကတ်ကြေး
အိမ်
ဆပ်ပြာ
ရေမြှုပ်
ထောင်းပါ။
အိမ်သာ
တိုဝဲလ်
ရေ

35 - Dance

ယ	ထ	ဦ	လ	ဧ	ဝ	ရ	ထ	ယ	န	စ	န	ဇ	လ
ရ	ဥ	ယ	၁	ဿ	ဋ	စ	ဒ	ဩ	ဦ	◌ိ	ဍ	ဠ	◌ှ
ဇ	တ	◌်	ခ	ဖ	ခ	◌်	ဿ	။	ပ	တ	◌ီ	ဂ	◌ု
◌ာ	တ	က	က	ခ	ဓ	သ	ထ	ဒ	င	◌်	အ	ဝ	ပ
တ	ဋ	◌ိ	ဆ	◌ျ	ဒ	မ	ခ	သ	လ	ခ	မ	ဍ	◌်
◌်	လ	◌ု	ဍ	။	ေ◌	◌်	ဩ	◌ာ	ဝ	◌ံ	◌ြ	။	ရ
အ	သ	ဓ	ယ	ဿ	ဖ	◌း	စ	ရ	ေ◌	စ	င	ဋ	◌ှ
◌ိ	ည	◌ာ	ပ	◌ု	န	အ	မ	◌ွ	စ	◌ာ	◌်	သ	◌ာ
မ	ဝ	◌္	ဦ	လ	မ	ဇ	◌ီ	◌ှ	◌ု	◌း	အ	ဆ	◌း
◌်	ပ	န	◌ာ	တ	◌ါ	ပ	ဒ	ေ◌	◌ု	မ	◌ာ	ဉ	မ
ဖ	က	ခ	ဂ	ဇ	ဒ	ဍ	◌်	◌ံ	ဩ	◌ှ	ရ	◌ာ	◌ှ
ဟ	ဒ	လ	◌ါ	ဒ	လ	ဠ	ယ	◌ု	စ	◌ု	◌ု	ဓ	◌ု
ဗ	ဓ	ဆ	ည	ရ	ဆ	မ	က	ပ	ဦ	ပ	◌ံ	ဂ	ဓ
ဘ	ထ	ဧ	က	က	ရ	ဓ	အ	ဏ	ဆ	ဿ	။	ဒ	ဆ

အကယ်ဒမီ
အနုပညာ
ခန္ဓာကိုယ်
ဇာတ်အိမ်
ဝေစု
ယဉ်ကျေးမှု
စိတ်ခံစားမှု
ပုံရွှေသာ
လှုပ်ရှားမှု
ဂီတ
ပါတနာ
ရစ်သမ်
အမြင်အာရုံ

36 - Coffee

စ	ဩ	ဗ	ဦ	ရ	က	မ	ည	ထ	။	ဗ	န့	ဂ	ည
ဝ	◌ျ	ဂ	ဘ	ဏ	ဖ	င	န့	ဒ	ဂ	ဏ	◌ါ	မ	န
၁	သ	◌ေ	အ	ဓ	င	ခ	◌ါ	◌း	သ	◌ေ	◌ာ	န	ဂ
နှ	ဒ	ဋ	◌း	ဟ	◌်	င	ထ	ဒ	က	ဗ	ခ	က	ဇ
◌ှ်	◌ာ	◌ါ	◌ာ	န	◌း	ဒ	သ	ထ	ရ	ဝ	ရ	◌်	အ
◌ု	ခ	ပ	◌ြ	အ	◌ု	ဘ	ဩ	အ	ရ	ည	◌်	တ	◌ိ
◌ွ	စ	ဖ	က	ဂ	န	◌ု	ဖ	ဧ	န	ဖ	ည	၁	မ
ဦ	ဏ	◌ာ	သ	ဌ	မ	က	န	လ	ဗ	ဌ	။	ဋ	◌်
ရ	က	◌ြ	◌ိ	တ	◌်	ဧ	◌်	◌်	◌ာ	သ	ရ	အ	ဠ
ဠ	ည	◌ါ	◌ါ	ထ	ရ	◌ေ	ပ	ရ	◌း	◌း	က	မ	ဂ
ဥ	ထ	ဏ	တ	ဘ	န	ဗ	ရ	မ	◌ေ	ဌ	ခ	ရ	စ
အ	ဉ	ဗ	ဓ	န	က	ယ	ည	ဝ	ဌ	◌ာ	ဏ	ည	ဆ
ဌ	ရ	ဒ	သ	က	န	မ	သ	ဿ	ထ	ဂ	င	ဗ	ဘ
ဍ	စ	ဏ	ဝ	မ	ဟ	◌ါ	င	လ	ဗ	ဆ	ဍ	◌်	ဩ

ခါးသော
အနက်ရောင်
ကဖင်း
အိမ်
ဖလား
အရသာ
ကြိတ်
အရည်
နို့
မနက်
စျေးနှုန်း
သကြား
ရေ

37 - Colors

။	ခ	ဘ	အ	က	◌်	လ	အ	◌ိ	◌ု	◌ီ	ဗ	အ	အ
ဂ	ဒ	ဉ	ပ	ည	ဝ	ဏ	ဖ	ဘ	ဘ	ရ	◌ျ	ပ	စ
င	စ	န	◌်	ဇ	◌ိ	တ	◌ြ	ဥ	င	မ	ရ	◌ြ	◌ိ
◌်	။	ဒ	လ	ခ	အ	◌ု	◌ူ	အ	◌်	တ	ေ◌	◌ာ	မ
ရ	ဟ	။	◌ိ	◌ါ	◌ိ	ဆ	ရ	ဟ	ရ	ဟ	◌ာ	ရ	◌်
ေ◌	ထ	။	ဂ	ဇ	တ	◌ါ	◌ြ	ေ◌	ေ◌	ဒ	အ	ေ◌	◌း
◌ာ	မ	ရ	◌ှ	ဧ	◌်	◌ြ	ဘ	ဧ	◌ာ	န	စ	◌ာ	ရ
ခ	ရ	မ	◌်	◌း	ရ	ေ◌	◌ာ	င	◌်	င	◌ီ	င	ေ◌
◌ိ	ပ	ဏ	င	◌်	စ	ဘ	င	ဆ	က	◌ါ	◌်	◌်	◌ာ
◌ု	လ	ည	အ	န	ဇ	တ	◌်	ဂ	န	◌ါ	ဆ	အ	င
◌း	ဉ	၁	ဗ	ပ	ဋ	ဒ	တ	ခ	အ	အ	မ	ထ	◌်
◌း	◌ြ	၁	ယ	◌ါ	ထ	င	◌်	ရ	ေ◌	◌ာ	◌ါ	ဝ	အ
◌ီ	◌ြ	◌ာ	စ	သ	◌ာ	◌ြ	က	ည	ထ	ဿ	ဦ	ည	ဿ
မ	ယ	ခ	ယ	က	ဖ	ဓ	စ	။	ဘ	က	◌ါ	က	ရ

အာရေဗျ
အိတ်
အနက်ရောင်
အပြာရောင်
အညိုရောင်
အင်္ဂလိပ်
အစိမ်းရောင်
မီးခိုးရောင်
ပန်း
ခရမ်းရောင်
နီ
စက်တင်ဘာ
ဗီအိုလက်
အဖြူ
အဝါရောင်

38 - Climbing

ဂ	ူ	ဂ	ထ	တ	ဏ	ဒ	၁	ဆ	ခ	ဇ	၁	န	ဧ
ယ	ဋ	ဝ	သ	ယ	ဖ	ဏ	ယ	ဝ	ဉ	ပ	တ	ဂ	တ
ည	ဆ	လ	ါ	ထ	ပ	်	န	ဖ	ိ	တ	်	ွ	ဘ
ဂ	ဖ	ဧ	တ	ဂ	ဆ	ရ	ဟ	န	ဇ	ရ	ဖ	အ	တ
င	်	း	မ	ြ	ေ	ာ	ဉ	်	း	ျ	က	မ	ေ
လ	မ	ဆ	ယ	ဥ	လ	ဓ	ခ	ည	အ	ဋ	ဿ	ြ	ာ
က	က	ြ	ဋ	ဌ	ဓ	အ	ွ	ွ	ည	က	ဖ	င	င
်	ဧ	်	ေ	အ	ရ	ဿ	န	ု	ဝ	ရ	ယ	ွ	်
မ	။	ဟ	အ	ပ	င	ဏ	်	း	ဿ	လ	ါ	်	တ
ေ	သ	ဥ	ဦ	ိ	ု	ဧ	အ	်	ဟ	ာ	ေ	ဌ	က
ာ	ပ	ာ	မ	ဦ	တ	ံ	ာ	မ	ဥ	ဠ	ဉ	ထ	်
ခ	ဂ	ဠ	ဌ	တ	န	်	း	လ	ဖ	ဆ	ဘ	ါ	ု
ံ	က	ျ	ွ	မ	်	း	က	ျ	င	်	သ	ူ	ထ
သ	ိ	ခ	ျ	င	်	စ	ိ	တ	်	ဇ	ဟ	ါ	လ

အမြင့်
လေထု
ဘွတ်ဖိနပ်
ဂူ
သိချင်စိတ်
ကျွမ်းကျင်သူ
လက်အိတ်

လမ်းညွှန်
သံခမောက်
တောင်တက်
ဒဏ်ရာ
မြေပုံ
ကျဉ်းမြောင်း
ခွန်အား

39 - Shapes

ရ	စ	◌်	မ	ရ	◌̆	ပ	◌ု	◌ံ	ဥ	◌ဲ	ဘ	တ	◌ာ
◌း	တ	င	ည	ဇ	ဠ	ဋ	က	ယ	ဿ	ဘ	ခ	ဖ	သ
ထ	◌ု	စ	ဧ	ဟ	ဒ	။	ဘ	◌ူ	ဖ	ည	ဒ	ဨ	ဠ
ဆ	ရ	◌̆	ဆ	ဂ	◌ျ	ပ	န	◌်	ဘ	က	◌ာ	ဂ	ရ
ဋ	န	◌်	တ	စ	◌်	က	ရ	ပ	◌ာ	◌ီ	ဒ	◌ါ	တ
သ	◌်	ယ	က	အ	ဘ	ေ◌	◌း	ထ	◌ွ	က	◌်	ဝ	င
မ	◌း	ဓ	လ	က	၁	ရ	◌ါ	ရ	လ	ထ	ဗ	။	န
။	ေ◌	ယ	◌̆	ဖ	ဥ	ည	ဆ	◌ြ	ည	ဒ	◌ြ	ဠ	◌ှ
၁	ဂ	◌ံ	◌ု	တ	စ	အ	န	◌ာ	◌း	သ	တ	◌်	င
ဟ	◌ံ	ဂ	င	ဓ	ဟ	ထ	ေ◌	◌ာ	င	◌့	◌်	ဥ	◌့
ပ	◌̆	င	◌်	◌း	ဝ	◌̆	◌ု	◌်	က	စ	သ	ဇ	◌်
ဆ	◌ြ	ခ	◌း	ည	ဓ	ဏ	ဉ	ပ	ဓ	အ	ဘ	ည	ဨ
ဠ	တ	ည	မ	ဟ	သ	ဖ	ဦ	◌ြ	ဒ	လ	ဨ	ဆ	ယ
ဧ	ဧ	င	ဆ	အ	◌̆	မ	◌်	ဋ	တ	ဿ	လ	ဋ	ည

အတ̆း
စက်ဝိုင်း
နှင့်
ထောင့်
ကူဘီ
ဂေး
အိမ်
အနားသတ်
ဘဲဥပုံ
ဂျပန်
လိုင်း
ပရက်စတန်
ပိရမစ်
စတုဂံ
ဘေးထွက်
စတုရန်း
တြိဂံ

40 - Scientific Disciplines

စ	ဓ	န	က	◌္	ခ	တ	◌္	တ	ဗ	ေ◌	ဒ	ဘ	ဟ
ဇ	◌ိ	လ	ဇ	◌ီ	ဝ	ဓ	◌ာ	တ	◌ု	ဗ	ေ◌	ဒ	ဗ
◌ီ	င	တ	ဆ	ဉ	ဏ	မ	◌ိ	◌ု	◌း	လ	ေ◌	ဝ	သ
ဝ	အ	ဂ	◌်	ဘ	ဏ	◌္	ဍ	◌ာ	ရ	ေ◌	◌း	ည	မ
ဗ	အ	ဧ	တ	ပ	ဘ	ဉ	စ	က	◌်	ပ	◌ြ	င	◌်
ေ◌	ယ	ရ	ဗ	ဦ	ည	ရ	◌ု	က	◌္	ခ	ဗ	ေ◌	ဒ
ဒ	။	ဂ	ဟ	က	ဥ	◌ာ	ဌ	ဋ	◌ာ	ဝ	။	ရ	ပ
ခ	န	◌္	ဓ	◌ာ	ဗ	ေ◌	ဒ	ဒ	ဗ	ေ◌	ပ	◌ူ	ရ
ဏ	ဥ	အ	ဧ	ဝ	◌ာ	ဥ	ဒ	ဗ	ေ◌	တ	◌ု	◌ာ	ဓ
ဂ	ေ◌	ဟ	ဗ	ေ◌	ဒ	အ	ဘ	ေ◌	ေ◌	ဧ	ဗ	ဆ	ဝ
လ	◌ူ	မ	◌ှ	◌ု	ဗ	ေ◌	ဒ	သ	၁	မ	ဝ	န	ဿ
ရ	န	က	ဓ	ဓ	ဍ	ရ	ဍ	◌ာ	ဝ	က	◌ိ	ည	◌ာ
အ	◌ာ	ရ	◌ု	◌ံ	က	◌ြ	ေ◌	◌ာ	ပ	ည	◌ာ	◌ူ	ဂ
ဉ	ဘ	◌ာ	ဍ	တ	ခ	◌ါ	အ	ဘ	ဿ	လ	ဘ	ယ	ဘ

ခန္ဓာဗေဒ
နက္ခတ္တဗေဒ
ဇီဝဓာတုဗေဒ
ဇီဝဗေဒ
ရုက္ခဗေဒ
ဓာတုဗေဒ
ဂေဟဗေဒ
ဘူမိဗေဒ
ဘဏ္ဍာရေး
ဘာသာဗေဒ
စက်ပြင်
မိုးလေဝသ
အာရုံကြောပညာ
အာဟာရ
ရူပဗေဒ
စိတ်ပညာ
လူမှုဗေဒ

41 - Science

က	ဿ	ထ	။	ပ	ါ	ဩ	ဌ	ဏ	င	ဇ	ရ	ယ	န
ဥ	ဿ	ါ	ပ	အ	ရ	ဝ	။	ဏ	ပ	ယ	လ	င	ည
ဋ	ခ	ဂ	ည	ဿ	ဩ	ာ	ရ	ူ	ပ	ဗ	ေ	ဒ	်
ဋ	ဟ	ဋ	ခ	ါ	ဗ	ဘ	သ	ဖ	န	ယ	ဒ	အ	း
ဘ	ဒ	ဟ	ဝ	ါ	ဥ	သ	သ	ီ	ဖ	ခ	ဗ	ယ	လ
အ	အ	ပ	င	်	မ	ျ	ာ	း	ဠ	ခ	ေ	ူ	မ
ခ	က	ဂ	ဏ	ဗ	ယ	လ	ဆ	ဌ	ပ	တ	တ	အ	်
ဒ	စ	်	ဖ	ြ	က	ဲ	်	ှ	င	ဆ	ု	ဆ	း
တ	ေ	ဧ	တ	ဧ	ဠ	ဗ	မ	ာ	စ	ာ	ာ	ဌ	အ
ရ	ဥ	တ	သ	မ	သ	င	ည	စ	ဠ	ဧ	ဓ	ဝ	မ
န	ဒ	ဘ	ာ	န	်	ု	ူ	မ	အ	လ	ဝ	ဋ	ူ
စ	မ	်	း	သ	ပ	်	မ	ူ	ု	င	ဩ	ဓ	န
ဌ	ဩ	ပ	ဆ	ွ	ဲ	င	င	်	အ	ာ	း	ဦ	်
သ	ိ	ပ	ှ	ပ	ံ	ပ	ည	ာ	ရ	ှ	င	်	ဉ

အက်တမ်
ဓာတုဗေဒ
ရာသီဥတု
ဒေတာ
ဆင့်ကဲဖြစ်
စမ်းသပ်မှု
အမှုန်
ဆွဲငင်အား

အယူအဆ
ဇမာစာ
နည်းလမ်း
သဘာဝ
အမှုန်
ရူပဗေဒ
အပင်များ
သိပ္ပံပညာရှင်

42 - Clothes

ဧ ဉ ဖ က ု တ ် အ င ် ္ က ျ ီ
ဧ ဓ ဆ ိ လ က ် ဝ တ ် ရ တ န ာ
အ ာ ွ ဿ န ဪ လ တ ပ ဟ ပ က တ စ
ဓ ဇ ယ ဋ ဝ ပ သ ဦ ဝ မ င ဟ ါ ဧ
ဧ ဒ ် မ ည ် ် င ါ ၔ ။ ဪ ည အ
စ င တ ဥ ဂ ထ ဇ အ ဒ ဂ ဘ ထ ဧ ိ
အ ် ာ ဌ ဪ ု ဘ င ဘ ခ ဆ ဦ ည တ
ဝ ရ မ ျ ာ း တ ် အ ိ ေ ြ ခ ်
တ ှ ာ ာ ဪ ဦ ဌ ္ ဧ ယ န ည ဿ ဋ
် ် သ မ း ဆ ဏ က ် က က ် ျ ဂ
အ က ဗ ဆ ည ဂ ဖ ျ ဦ က မ ဿ ဆ ခ
စ ဖ ။ ဋ ဓ သ ျ ီ ဇ ဒ စ ါ က ည
ာ လ ခ မ ဒ ပ ဆ ါ ဆ ာ ဏ ထ ဥ ဓ
း လ က ် အ ိ တ ် ပ ဏ ဍ စ မ င

ကုတ်အင်္ကျီ
အဝတ်အစား
ဖက်ရှင်
လက်အိတ်
ဦးထုပ်
ဂျက်ကက်
လက်ဝတ်ရတနာ

ပ်ါဂျမားစ်
အိတ်
ပဝါ
ဖိနပ်
အင်္ကျီ
ခြေအိတ်များ
ဆွယ်တာ

43 - Insects

အ	ထ	ခ	ဇ	ဟ	ဝ	ခ	ပ	◌ျ	◌ာ	◌း	ထ	ရ	ဘ
ည	က	တ	န	န	ဒ	◌ွ	ဥ	ပ	ဟ	ခ	မ	ည	ည
င	ဝ	◌်	◌ါ	၁	မ	◌ေ	န	◌ြ	ဧ	ဦ	◌ြ	ဥ	အ
ဉ	ဓ	◌ု	ဖ	တ	◌ြ	◌း	◌ါ	စ	ထ	စ	ပ	င	လ
။	ပ	န	ဓ	◌ီ	က	တ	ဧ	ထ	ခ	ဗ	◌ြ	ဓ	◌်
ထ	ခ	ဂ	တ	ပ	◌်	စ	ဖ	လ	◌ီ	ယ	◌ာ	◌ါ	ဟ
က	◌ေ	◌ာ	င	◌်	ဇ	◌်	ရ	◌ံ	တ	တ	ပ	◌ာ	ပ
ထ	ပ	◌ါ	◌ြ	ဟ	ဿ	က	မ	ဖ	န	◌ီ	◌်	◌ြ	လ
စ	တ	င	◌်	◌း	၁	◌ေ	ဟ	◌း	◌ေ	က	◌ိ	ဇ	ဦ
ဗ	တ	ဇ	◌ြ	◌ှ	ဘ	◌ာ	ဒ	◌ှ	အ	◌ေ	လ	အ	ဟ
ခ	စ	ဏ	ယ	◌ိ	အ	င	စ	◌ိ	◌ိ	◌ာ	က	န	ဒ
ဟ	ယ	ဟ	◌ါ	ပ	ဂ	◌်	ဝ	ပ	မ	င	ခ	◌်	မ
လ	င	◌်	◌း	ပ	◌ိ	◌ု	င	◌်	◌်	◌်	ရ	တ	မ
ဥ	ဓ	ပ	◌ြ	ဂ	ခ	◌ြ	က	◌ေ	◌ာ	င	◌်	◌ီ	ဧ

အန်တီ
အကိုဖီ
ပျား
လင်းပိုင်
လိပ်ပြာ
နေအိမ်
ပိုးဟပ်
ဖလီယာ
ဂနုတ်

မြက်
ခွေးတစ်ကောင်
လာဗာ
ကောင်
ခြင်
ပိုးဖလံ
ခြကောင်
စတင်
တီကောင်

44 - Astronomy

ဠ	ဘ	ါ	တ	စ	ဿ	ဖ	င	ဉ	ဇ	ါ	ဏ	ဓ	တ
ည	က	ဂ	ဘ	တ	ု	ဟ	်	ု	်	ြ	ဂ	ဟ	ယ
န	ီ	္	န	်	း	တ	စ	ု	ယ	်	ြ	က	်
ဒ	ေ	မ	က	၁	ဝ	ဿ	ယ	ဆ	ခ	န	က	ည	လ
ု	ည	က	ျ	ာ	န	က	်	ဗ	ျ	ူ	လ	ာ	ီ
ံ	စ	င	ြ	ှ	ပ	န	ြ	လ	ိ	ု	က	်	စ
း	ဂ	ာ	ဗ	တ	ခ	ျ	က	ဠ	က	င	စ	ဌ	က
ပ	သ	ဌ	ဒ	က	်	ြ	ံ	။	က	ထ	က	သ	ု
ျ	ဖ	ဿ	ဗ	ဉ	၁	ခ	င	ါ	ဘ	ဇ	ြ	န	ပ
ံ	ဂ	လ	က	်	ဆ	ီ	ြ	်	ဇ	စ	ာ	ာ	်
စ	က	ိ	ု	င	်	း	ဠ	င	း	ဍ	ဝ	င	က
ဂ	ြ	ိ	ု	ဟ	်	ဿ	။	၁	်	အ	ဍ	ဘ	ဒ
န	က	္	ခ	တ	်	တ	ာ	ရ	ာ	း	ာ	ဍ	ဖ
ဓ	ာ	တ	်	ရ	ေ	ာ	င	်	ခ	ြ	ည	်	ရ

ကြယ်စင်
ကြယ်စုတန်း
နေကြတ်ခြင်း
ညီမျှခြင်း
ဂလက်ဆီ
ဥက္ကာပျံ
နက်ဗျူလာ
နက္ခတ်တာရာ

ဂြိုဟ်
ဓာတ်ရောင်ခြည်
ဒုံးပျံ
ဂြိုဟ်တု
စကိုင်း
လိုက်
တယ်လီစကုပ်
စကြာဝဠာ

45 - Health and Wellness #2

ခ င ဖ သ ည ဇ ၁ သ သ ဏ စ ထ စ ပ
န စ ◌ာ တ ◌် ◌ာ ဓ ◌ွ ထ ပ င ည အ ဥ
◌္ က ◌ွ ပ ယ ရ ဏ ◌ေ ဓ ဓ ဟ ◌ါ ဘ ဗ
ဓ ◌ူ ဓ မ ပ ◌ု ပ ◌း ဏ ဘ ဋ လ ရ ဧ
◌ာ ◌း ◌ာ မ ◌် ◌ံ အ န ဇ ဧ ဟ င စ ဿ
ဗ စ တ ◌ါ ◌ိ ◌း င ဟ သ ခ ဥ ဘ စ လ
◌ေ က ◌် တ အ ◌ေ အ ◌ာ ◌း န ◌် ◌ွ ခ ဘ
ဒ ◌် မ ဇ ဦ ဆ ◌ာ င ◌် မ တ ◌ာ ◌ီ ဗ
ဦ မ ◌ေ ဧ န ဇ င ပ ◌် ◌ိ ◌ှ န အ လ
ယ ◌ှ ဂ ◌ါ ◌ာ ◌ေ ရ ဋ တ ဿ ဉ ဥ စ ဥ
င ◌ု ◌ျ စ ◌ာ ◌း ခ ◌ျ င ◌် စ ရ ◌ာ အ
ဘ က ◌ီ က ◌ျ နှ ◌် ◌း မ ◌ာ ရ ◌ေ ◌း ယ
အ ◌ာ ဟ ◌ာ ရ ◌ီ လ ◌ိ ◌ု ◌် ယ က ◌ါ ဌ
မ ◌ျ ◌ိ ◌ု ◌း ရ ◌ိ ◌ု ◌း ဗ ◌ီ ဇ မ ဿ

ဓာတ်မေဂျီ
ခန္ဓာဗေဒ
စားချင်စရာ
သွေး
ကယ်လိုရီ
ဓာတ်စာ
ရောဂါ
စွမ်းအင်
မျိုးရိုးဗီဇ

ကျန်းမာရေး
ဆေးရုံ
ကူးစက်မှု
အနှိပ်
အာဟာရ
အိပ်
ခွန်အား
ဗီတာမင်

46 - Time

ဘ	ဿ	ပ	ည	ဪ	ထ	ဂ	ပ	ဇ	က	တ	အ	ဂ	ဆ
ဆ	ဉ	◌ြ	ဋ	ဿ	ဘ	ဓ	ဉ	င	◌ာ	င	န	က	ယ
စ	◌်	က	န	မ	ဗ	ဓ	◌ာ	ဉ	လ	န	◌ာ	န	◌်
ဠ	◌ာ	◌္	လ	သ	ဖ	အ	လ	ပ	န	◌ာ	ဂ	ဪ	စ
န	ရ	ခ	တ	စ	◌ာ	ဉ	ခ	ဗ	မ	ရ	တ	ပ	◌ု
ယ	ဝ	ဒ	ဆ	ရ	◌ာ	စ	◌ု	◌ု	န	◌ီ	◌်	ဓ	န
။	ဠ	◌ိ	ထ	ဖ	။	န	။	ဓ	တ	◌ူ	ဂ	ဂ	◌ူ
၁	ပ	န	◌်	လ	◌ီ	မ	ဝ	ဘ	ပ	ေ◌	စ	ဥ	စ
အ	င	◌်	◌း	ပ	◌ိ	◌ု	◌ာ	ေ◌	စ	အ	◌ာ	◌်	◌်
မ	တ	◌်	ပ	◌်	စ	တ	◌ာ	ဉ	◌ါ	၁	စ	◌့	။
န	မ	◌ိ	မ	◌ွ	န	◌်	◌း	တ	ည	◌့	◌်	ဝ	အ
ေ◌	ဦ	ခ	တ	ယ	သ	ဠ	သ	ဟ	ရ	ယ	န	ေ◌	◌့
◌့	သ	ဇ	ဉ	◌်	စ	စ	◌်	◌ူ	န	ဒ	◌ိ	ည	ေ◌
က	သ	ဿ	ဿ	စ	ဪ	ဟ	န	ဿ	ဧ	ဟ	မ	မ	န

နှစ်စဉ်
မိလန်
ပြက္ခဒိန်
ရာစု
နေ့
ဆယ်စုနှစ်
အစောပိုင်း
အနှာဂတ်
နာရီ
မိနစ်
မနက်
မွန်းတည့်
အခုတော့
အတိတ်
ယနေ့
တစ်ပတ်
နှစ်
မနေ့က

47 - Buildings

ဘ	န	င	ရ	က	ဆ	။	ဇ	ဗ	ထ	။	အ	ဒ	အ
ဝ	◌ေ	◌ာ	◌ု	ဗ	အ	ဿ	အ	မ	ဇ	ရ	◌ာ	ဦ	ဋ
ဝ	ဂ	◌ာ	◌ံ	◌ျ	ဦ	ဆ	စ	◌ာ	◌ာ	ရ	◌း	ဏ	ဟ
မ	ဝ	ဝ	◌်	◌ာ	လ	ဘ	၁	စ	တ	◌ု	က	တ	◌ိ
ဗ	ဠ	ထ	က	ဒ	◌ါ	ည	က	◌ာ	◌်	◌ံ	စ	◌ိ	◌ု
တ	ဆ	ဒ	စ	သ	◌ါ	ဇ	ည	ဉ	ရ	င	◌ာ	◌ု	တ
ဒ	◌ဲ	◌ာ	ဉ	ဖ	◌ံ	ဆ	ဆ	ဆ	◌ု	◌်	◌း	က	ယ
၁	◌ီ	ဧ	ဇ	ဟ	က	ရ	◌ေ	ဉ	◌ံ	ရ	က	◌်	◌်
က	◌ျ	◌ေ	◌ာ	င	◌်	◌း	◌ု	◌ာ	ဠ	◌ှ	◌ွ	ခ	လ
◌ာ	က	ဝ	ဦ	တ	တ	ဘ	ဖ	◌ံ	င	ပ	င	န	ခ
တ	န	က	◌်	တ	◌ိ	◌ု	◌ြ	ပ	◌း	◌်	◌်	◌်	ထ
◌ိ	န	ည	သ	ဉ	◌ု	ဋ	ပြ	ဧ	ဠ	◌ု	◌း	◌း	ဓ
◌ာ	ပ	။	သ	ဉ	◌ဲ	လ	ဖ	ဖ	ခ	ရ	ဟ	ဠ	ဒ
မ	ခ	၁	ည	စ	ရ	◌ု	◌ံ	◌း	◌ေ	ဆ	ဓ	သ	ဒ

တိုက်ခန်း
ကျ
ကဗျာ
ရဲတိုက်
ရုပ်ရှင်ရုံ
သံရုံး
စက်ရုံ
ဆေးရုံ
ဘော်ဒါဆောင်
ဟိုတယ်
ဗမာစာ
ပြတိုက်
ကျောင်း
အားကစားကွင်း
မာတိကာ
တဲ
ဇာတ်ရုံ

48 - Philanthropy

◌ြ	မ	မ	ဂ	ပ	ဥ	လ	လ	မ	ဘ	မ	ရ	အ	ဋ
မ	◌်	◌ျ	ဉ	ဍ	ဇ	◌ူ	◌ိ	စ	ဏ	ဟ	◌ိ	ဆ	ဘ
ခ	ရ	◌ာ	◌ာ	◌်	မ	င	◌ု	◌်	◌ှ	ဍ	◌ု	က	ထ
◌ြ	ဂ	◌း	ဦ	◌း	ဋ	ယ	အ	ရ	ဍ	ဍ	◌း	◌်	ဍ
ထ	◌ု	◌း	ဍ	တ	င	◌်	ပ	◌ု	◌ာ	ဒ	သ	အ	င
◌ာ	◌ိ	ေ◌	အ	◌ိ	◌်	◌ွ	◌်	င	ရ	အ	◌ာ	သ	တ
ဆ	ရ	လ	ဋ	◌ု	◌း	လ	ေ◌	◌်	ေ◌	ယ	◌း	◌ွ	၁
င	ပ	က	ဆ	င	◌ု	ဧ	◌ူ	ပ	◌း	ဇ	မ	ယ	ဆ
င	◌ာ	ဖ	ထ	◌်	◌ိ	ဍ	ဋ	သ	◌ု	စ	◌ု	◌်	င
။	။	◌ြ	ဋ	မ	မ	စ	ဏ	◌ာ	◌ာ	◌ံ	◌ု	တ	ဌ
၁	ဧ	။	သ	◌ျ	သ	ဘ	ဋ	ဧ	ဌ	◌း	◌်	လ	သ
ဒ	ဒ	ဦ	ဟ	◌ာ	ရ	ပ	◌်	က	◌ွ	က	◌်	ဍ	ဖ
ဖ	◌ာ	ဘ	ဇ	◌း	ဏ	ဒ	◌ာ	သ	◌ြ	လ	ခ	င	ရ
ရ	က	◌်	ရ	ေ◌	◌ာ	မ	◌ု	◌ု	ဟ	ဆ	◌ါ	◌ြ	ဋ

ကလေးများ
ရပ်ကွက်
အဆက်အသွယ်
ဘဏ္ဍာရေး
ရန်ပုံငွေများ
ရက်ရောမှု
ပန်းတိုင်များ
သမိုင်း
ရိုးသားမှု
လူသား
မစ်ရှင်
လိုအပ်
ပရိုဂရမ်
လူငယ်

49 - Herbalism

စ	ရ	ွ	ု	ေ	ဝ	ါ	ရ	ေ	ာ	င	်	ခ	သ
ည	မ	ပ	ရ	ု	ာ	ရ	န	်	ဗ	င	င	င	ွ
ထ	်	ူ	ဂ	ျ	မ	်	ဘ	ိ	ူ	ဉ	ပ	ရ	ေ
အ	း	ဿ	န	ခ	ါ	စ	ဌ	၁	ယ	င	အ	ဝ	း
ဏ	စ	ဉ	တ	်	ပ	ြ	ူ	အ	က	်	ျ	ခ	အ
င	ိ	ိ	ဿ	ဥ	န	ံ	စ	ီ	ူ	ပ	ဒ	။	်
န	်	ည	မ	အ	ယ	က	။	ခ	သ	န	ပ	ဿ	ည
ယ	င	ဂ	သ	်	ဆ	ျ	်	ခ	ဟ	ံ	န	ဦ	ရ
အ	ပ	ြ	ဿ	ဟ	း	ရ	ာ	ဟ	။	ံ	်	ရ	အ
အ	ရ	သ	ာ	ထ	င	ရ	အ	ဉ	။	န	း	န	ဠ
ပ	ထ	စ	ဉ	ဥ	ခ	။	ေ	င	်	ဘ	သ	ံ	ြ
ဌ	ရ	ဿ	ထ	မ	ဧ	ဆ	ဆ	ာ	ပ	ဉ	ပ	ွ	ဟ
ဒ	ယ	ဂ	ဆ	ဇ	တ	ဠ	ဒ	ါ	င	်	ဗ	ာ	လ
ဠ	ာ	ဖ	ြ	ူ	န	ံ	သ	ွ	က	်	ြ	က	ဿ

ရနံ့
ပင်စိမ်း
အချက်အပြုတ်
စမုန်နက်
အရသာ
ပန်း
ဥယျာဉ်
ကြက်သွန်ဖြူ
အစိမ်းရောင်
အမည့်
လာဗင်ဒါ
ဂျမ်ဘို
ပူစီနံ
နံနံပင်
အပင်
အရည်အသွေး
ရွှေဝါရောင်
ရှာရန်

50 - Vehicles

ယ	ထ	န	လ	ဝ	လ	၁	ဇ	ဏ	စ	ဿ	ဠ	ဟ	န
ရ	ဇ	ဓ	◌ူ	ဝ	ဋ	မ	ဉ	လ	ဖ	က	ဘ	င	◌်
ဉ	ည	◌ာ	န	လ	လ	စ	ည	◌ါ	ည	ဉ	◌ူ	◌ာ	ဗ
ဿ	ဠ	။	◌ာ	ဠ	ပ	◌ု	ဓ	င	ထ	င	မ	တ	ရ
ဋ့	ဏ	သ	တ	◌်	◌ဲ	ပ	ေ◌	ပ	ခ	ထ	ေ◌	ယ	◌ာ
◌ါ	ရ	ဉ	င	ဒ	◌ု	◌ိ	◌း	ပ	◌ျ	◌ိ	◌ာ	က	◌ာ
ဘ	◌ီ	◌း	◌်	က	စ	◌ီ	က	◌ှ	က	တ	◌်	ဠ	က
ဿ	◌်	ဘ	ယ	ဂ	◌ာ	ဉ	◌်	ယံ	◌ာ	◌်	တ	ဟ	ရ
က	ယ	ဧ	◌ာ	◌ာ	ဋ	◌း	ဿ	ဖ	ဆ	ဂ	◌ာ	ဏ	န
သ	ဖ	◌ာ	ဉ	ဠ	က	◌်	စ	န	◌်	◌ွ	ထ	ဝ	ဆ
◌ါ	၁	မ	◌်	◌်	အ	က	င	◌်	ဂ	◌ျ	◌်	င	အ
န	ယ	စ	ရ	ဝ	ခ	◌ာ	အ	ဗ	◌်	ဆ	ဘ	ဧ	ဏ
ဍ	ဎ	မ	◌ါ	ဝ	ဝ	◌း	အ	ဍ	ဠ	တ	င	ဇ	ဩ
လ	◌ီ	ပ	◌်	စ	◌ာ	စ	လ	◌ာ	ဉ	စ	ဘ	◌ါ	လ

အိမ်
လူနာတင်ယာဉ်
စက်ဘီး
လှေ
ဘတ်စ်ကား
ကား
ကာရာဗန်
အင်ဂျင်
ဖယ်ရီ
ရဟတ်ယာဉ်
မော်တာ
လိပ်စာ
ဒုံးပျံ
စကူတာ
တက္ကစီ
ပိတ်
ထွန်စက်

51 - Flowers

ခ	ဩ	ဏ	ဂ	ဦ	ပ	အ	က	◌ျ	◌ူ	လ	စ	◌်	ဟ
၁	◌ါ	ဟ	။	ရ	◌ီ	ဋ	မ	ဝ	ခ	ဩ	ဉ	၁	ယ
ဗ	◌ေ	လ	◌ု	ဝ	တ	ဍ	ဧ	ည	◌ှ	ဟ	သ	ဿ	ဒ
စ	◌ံ	ပ	ယ	◌်	◌ာ	င	◌ံ	င	◌်	◌ှု	◌ိ	ဦ	ပ
ပ	န	◌်	◌း	စ	ည	◌်	◌း	လ	စ	◌ီ	◌ေ	ဒ	လ
ဘ	ဓ	င	က	ဂ	ဝ	စ	င	◌ေ	သ	ဝ	ဥ	◌ါ	◌ိ
န	◌ိ	ဘ	ဦ	ဓ	ဘ	စ	။	◌ာ	ဦ	အ	တ	င	◌ု
မ	က	န	ဝ	ရ	ယ	တ	ဏ	◌ှ	◌ါ	ပ	ဋ	◌်	မ
◌ာ	◌ြ	၁	◌်	◌ါ	ရ	ခ	။	ဂ	ဇ	ဦ	ဝ	ဗ	◌ာ
န	က	◌ေ	င	◌း	ဒ	ဂ	ဟ	◌်	ဋ	န	ဝ	◌ာ	ရ
◌်	န	စ	စ	ဩ	ပ	ခ	ပ	အ	ဗ	◌ေ	ဦ	လ	◌ီ
◌ြ	ဝ	စ	။	◌ေ	ဉ	င	င	င	င	က	ဧ	◌ီ	ယ
မ	မ	ဖ	မ	မ	◌း	။	◌်	◌်	ဒ	◌ြ	ဟ	◌ီ	◌ာ
ပ	◌ု	◌ံ	န	◌ု	◌ိ	ပ	◌်	ည	ခ	◌ာ	ရ	လ	◌း

ပန်းစည်း
မြွေစေး
ဒေစီ
လော့ဂ်အင်
ဗေလုဝ
◌ိ◌ုင်င်
စံပယ်
လာဗင်ဒါ
အမည်

လီလီ
ပုံနှိပ်
သစ်ခွ
မြန်မာ
ပိတာ
ပလုမာရီယား
ဘိန်းပင်
နေကြာ
ကျူလစ်

52 - Health and Wellness #1

အ	◌ါ	ဆ	က	ဧ	ယ	ခ	ဇ	◌ာ	အ	က	က	ဟ	အ
◌ာ	ဦ	ဆ	◌ေ	◌ု	ပ	ဘ	မ	ဆ	ရ	◌ြ	မ	◌ေ	လ
ရ	ဘ	◌ေ	မ	◌း	ထ	◌း	ဉ	◌ာ	◌ေ	◌ွ	ဟ	◌ာ	◌ေ
◌ု	က	◌း	ဟ	◌ု	ဆ	◌ု	ဝ	ဥ	ပ	က	ဧ	◌်	◌ွ
◌ိ	◌်	ခ	ဉ	◌ိ	၁	◌ိ	◌ိ	ဠ	◌ြ	◌်	ဖ	မ	အ
က	တ	န	ရ	ရ	င	◌ျ	◌ု	◌း	◌ာ	သ	ရ	◌ု	က
◌ြ	◌ီ	◌်	ဌ	အ	ဗ	က	ထ	င	◌း	◌ာ	◌ီ	န	◌ျ
◌ေ	◌း	◌း	ဆ	◌ေ	◌း	ဝ	◌ါ	◌း	◌်	◌း	ဖ	◌်	င
◌ာ	ရ	ဆ	အ	ယ	ဌ	တ	ဋ	ဗ	က	မ	လ	◌း	◌ွ
ဒ	◌ီ	ရ	ဏ	မ	သ	ဂ	ဟ	ဥ	◌ု	◌ျ	က	ခ	◌်
ဏ	◌း	◌ာ	ပ	ဋ	◌ြ	ည	◌ာ	ဦ	သ	◌ာ	◌်	ဌ	ဌ
◌်	ယ	ဝ	န	ဆ	စ	င	ဉ	ပ	မ	◌း	စ	◌ာ	ဧ
ရ	◌ာ	န	ဧ	ရ	ဥ	ဒ	◌ွ	ဏ	◌ှ	ဧ	◌်	ခ	◌ာ
◌ာ	◌း	◌်	ဆ	ဋ	စ	ဋ	ယ	◌်	◌ှ	န	ဦ	◌ြ	စ

ဘက်တီးရီးယား
အရိုး
ဆေးခန်း
ဆရာဝန်
ကျိုး
အလေ့အကျင့်
အမြင့်
ဟော်မုန်း
ဒဏ်ရာ

ဆေးဝါး
ကြွက်သားများ
အာရုံကြော
ဆေးဆိုင်
ရီဖလက်စ်
အရေပြား
ကုထုံး
ကုသမှု

53 - Town

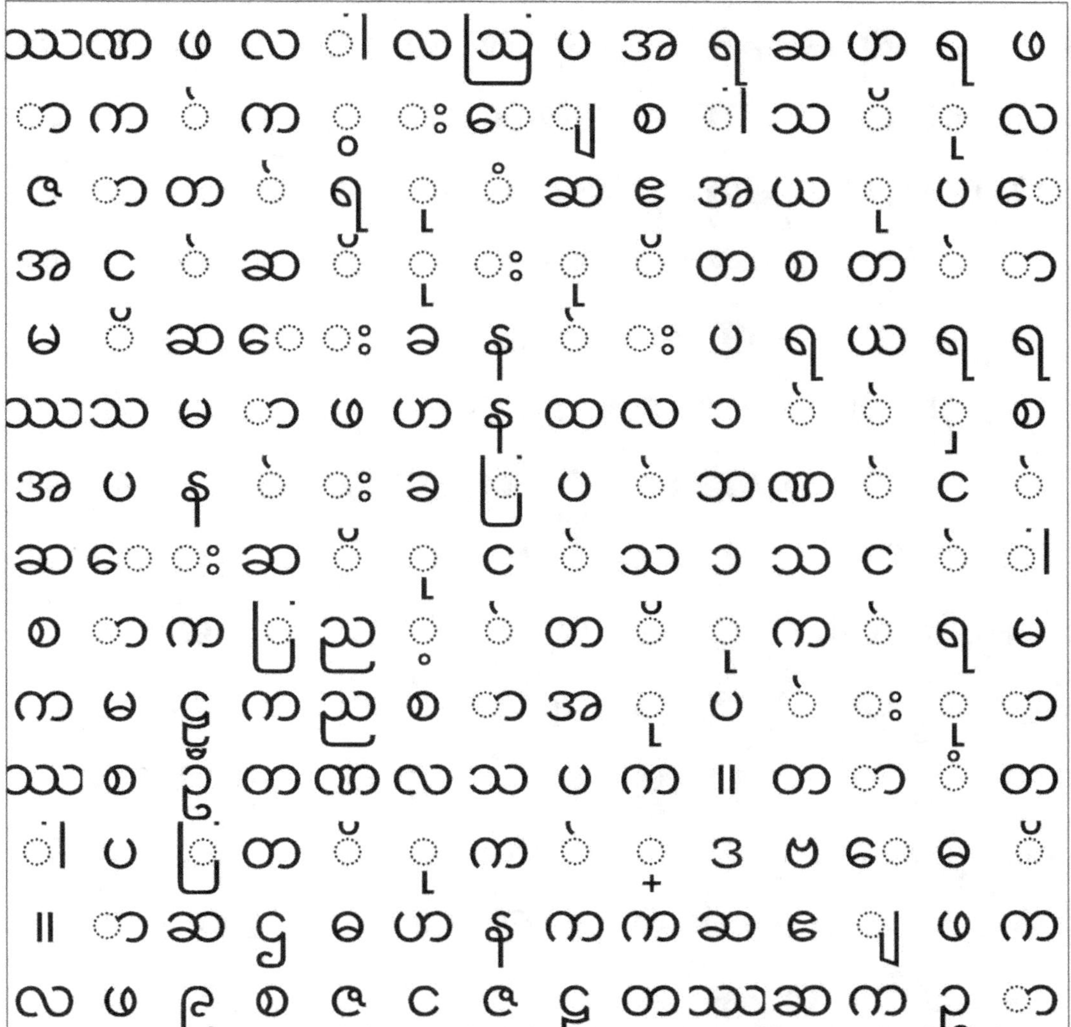

လေဆိပ်
အိမ်
ဘဏ်
စာအုပ်
ရုပ်ရှင်ရုံ
ဆေးခန်း
ဖလောရစ်
ပြခန်း
ဟိုတယ်

စာကြည့်တိုက်
ဈေးကွက်
ပြတိုက်
ဆေးဆိုင်
ကျောင်း
စတိုးဆိုင်
မာတိကာ
ဇာတ်ရုံ
တက္ကသိုလ်

54 - Antarctica

ပ	င	ရ	ေ◌	ခ	◌ဲ	ရ	ဖ	ရ	က	ဇ	ပ	သ	က
ထ	◌ှ	မ	န	စ	န	ေ◌	ဘ	ေ◌	◌ျ	◌ြ	င	◌ိ	ဒ
ဝ	က	◌ြ	ရ	ဉ	ဥ	အ	ဇ	◌ာ	◌ွ	ဗ	◌်	ပ	ဦ
◌ီ	◌်	◌ြ	ဧ	မ	ဂ	အ	ဦ	◌့	န	က	ဂ	◌္	စ
ဝ	မ	သ	◌ီ	တ	ေ◌	◌ု	သ	ခ	◌်	◌ျ	◌ွ	ပ	◌ူ
င	◌ျ	အ	ဓ	◌း	ဥ	င	လ	◌်	◌း	◌ွ	င	◌ံ	◌း
◌်	◌ာ	ဝ	ပ	ထ	က	ဠ	ဧ	သ	ဆ	န	◌်	န	စ
ယ	◌း	ေ◌	သ	◌ူ	ဌ	◌်	ဏ	ဂ	◌ွ	◌်	◌း	ည	မ
◌ါ	သ	လ	◌ြ	ဋ	ခ	ဂ	◌ု	ဖ	ယ	◌း	ဓ	◌်	◌်
ဋ	ဥ	င	အ	ဗ	ဒ	◌ျ	ထ	◌ိ	◌်	မ	◌ာ	◌း	◌း
ဧ	◌ာ	◌ါ	ခ	ဠ	ဌ	ဂ	◌ိ	ဌ	တ	◌ျ	ဗ	က	ရ
ဟ	ဠ	◌း	တ	ဒ	ဆ	ဿ	ဖ	န	တ	◌ာ	၁	◌ျ	ေ◌
ဧ	ဇ	ဒ	ဓ	◌ါ	စ	က	ဏ	ဏ	◌်	◌း	ဏ	ဓ	◌း
ပ	တ	◌်	ဝ	န	◌်	◌း	က	◌ျ	င	◌်	ဏ	◌ါ	ဖ

ငှက်များ
တိုက်ကြီး
ပတ်ဝန်းကျင်
စူးစမ်းရေး
ပထဝီဝင်
ရေခဲ
ကျွန်းများ
ပင်ဂွင်း

ကျွန်းဆွယ်
သုတေသီ
ရှောခ်
သိပ္ပံနည်းကျ
အပူချိန်
ရေ
ဝေလငါး

55 - Ballet

အ	◌ေ	◌ာ	◌်	ခ	◌ျ	က	◌်	စ	◌်	ထ	ရ	◌ာ	တ
က	◌ြ	◌ွ	က	◌်	သ	◌ာ	◌း	မ	◌ျ	◌ာ	◌း	ဠ	◌ေ
ပ	မ	◌ြ	န	◌်	မ	◌ာ	စ	◌ာ	င	။	စ	န	◌း
ဇ	◌ြ	သ	လ	ဇ	လ	ပ	ဟ	ဿ	ဌ	င	◌ါ	ဏ	ရ
ပ	◌ာ	င	◌်	◌ု	◌ိ	တ	စ	လ	ထ	ဌ	ဂ	၁	◌ေ
ပ	◌ု	တ	◌်	ဟ	ဒ	ရ	ဉ	ရ	ဉ	◌ာ	◌ိ	ဂ	◌း
ရ	တ	◌ံ	◌်	◌း	။	ဌ	ဉ	ဒ	ဟ	ဌ	တ	င	ဆ
◌်	လ	င	ရ	အ	ထ	ဝ	ဆ	ခ	ဒ	ယ	◌ါ	ဓ	ရ
သ	ဏ	ရ	ပ	◌ွ	◌ိ	န	ဟ	ည	ဂ	ဦ	သ	ဟ	◌ာ
တ	က	ဆ	န	စ	◌ှ	မ	◌်	မ	ဉ	န	၁	ဇ	စ
◌်	◌ာ	။	မ	ဟ	ထ	◌ေ	◌်	မ	◌်	သ	◌်	စ	ရ
◌ာ	ဧ	၁	။	င	ဓ	ဝ	သ	ခ	◌ှ	ယ	ည	ခ	ဝ
ပ	။	ဦ	ဖ	ပ	ခ	ထ	ည	◌ာ	ပ	◌ု	န	အ	က
က	◌ျ	◌ွ	မ	◌်	◌း	က	◌ျ	င	◌်	မ	◌ှ	◌ု	ဂ

အနုပညာ
ပရိသတ်
ဇာတ်အိမ်
တေးရေးဆရာ
ပွဲရှေ့သာ
မြန်မာစာ
ပြင်းထန်မှု
ကြွက်သားများ
ဂီတ
အောင်ချက်စ်ထရာ
ရစ်သမ်
ကျွမ်းကျင်မှု
စတိုင်

56 - Human Body

ယ	◌ြ	ရ	ဖ	ဉ	လ	◌ြ	ဖ	◌း	◌ု	◌ိ	ရ	အ	တ
ဘ	ဆ	ည	တ	က	က	ဉ	ထ	◌ြ	ဆ	ဂ	ထ	န	◌ံ
ဇ	တ	ယ	န	◌်	◌်	ပ	က	င	မ	ဇ	ဿ	◌်	တ
ထ	င	လ	ဓ	န	◌ှ	◌ာ	က	◌်	◌ျ	မ	ယ	က	◌ေ
န	ည	သ	◌ာ	◌ာ	ဿ	မ	ဆ	◌း	◌ေ	◌ွ	သ	လ	◌ာ
ဂ	◌ျ	◌ာ	ဝ	◌ါ	◌း	ဿ	အ	ခ	သ	ဇ	ဓ	◌ီ	င
ဏ	ဘ	ဦ	ဧ	ဉ	◌ူ	ဆ	ဝ	◌ေ	◌ျ	ဇ	ဗ	ဦ	◌်
မ	င	ပ	ဘ	ဘ	ဒ	ဋ	ဌ	◌ါ	၁	င	၁	ဂ	ဆ
ပ	◌်	စ	◌း	◌ါ	ပ	စ	ဘ	◌ာ	ည	ယ	◌်	ဥ	စ
ဦ	◌း	ခ	◌ေ	◌ါ	င	◌်	◌း	◌ှ	◌ါ	ပ	ဉ	◌း	◌်
ဖ	ပ	◌ံ	င	ဧ	ဇ	က	◌်	န	◌ှ	◌ေ	◌ာ	◌း	ဦ
ဧ	◌်	◌ြ	◌ု	န	◌ှ	လ	◌ု	◌ံ	◌း	သ	◌ာ	◌း	ဒ
ခ	ည	၁	အ	ခ	◌ြ	◌ေ	ထ	◌ေ	◌ာ	က	◌်	မ	ဂ
ဏ	လ	ဏ	စ	ဆ	ပ	၁	အ	စ	န	ဗ	ဘ	ယ	လ

အန်ကလီ
သွေး
အရိုး
ဦးနှောက်
ချင်း
နား
တံတောင်ဆစ်
မျက်နှာ
အမှတ်
လက်
ဦးခေါင်း
နှလုံးသား
ဂျာဝါး
ဒူး
ခြေထောက်
ပါးစပ်
လည်ပင်း
နှာခေါင်း
ပခုံး

57 - Musical Instruments

မ	◌ူ	လ	စ	◌ာ	မ	◌ျ	က	◌်	န	◌ှ	◌ာ	ဆ	ဘ
ဂ	ဃ	စ	ဿ	ဂ	ဃ	ခ	စ	ည	မ	◌ာ	ဦ	◌ာ	င
ဩ	မ	လ	ဇ	စ	ဉ	။	ဠ	မ	ခ	ရ	က	တ	◌်
ဟ	ဥ	မ	◌ာ	◌်	ဖ	သ	ဟ	အ	န	ဿ	ဒ	ဇ	ဂ
ဦ	ပ	ဃ	ရ	တ	ဖ	ဓ	မ	ဘ	ေ	◌ွ	စ	◌်	◌ျ
ဿ	ဇ	န	ဇ	◌ာ	ေ	ဃ	တ	ဃ	ဃ	ဝ	သ	။	◌ိ
ပ	◌ိ	◌ု	◌း	◌ံ	တ	ဉ	ထ	က	◌်	◌ွ	တ	အ	◌ု
စ	◌ါ	က	◌ိ	◌ု	ဘ	◌ိ	◌ု	◌း	ဂ	ဒ	ဠ	ဇ	◌ါ
ေ	ဧ	◌း	ဩ	ဧ	အ	င	ဍ	အ	တ	ရ	လ	◌ါ	က
◌ာ	ဗ	ဇ	က	စ	န	◌ု	ဒ	ဃ	◌ာ	◌း	မ	င	ပ
င	စ	၁	ေ	◌ွ	လ	ပ	ဖ	ဥ	စ	ဂ	ည	။	◌်
◌်	ဉ	ဿ	ထ	ဖ	င	ဒ	ဘ	န	◌်	ဓ	တ	ရ	ဿ
◌း	◌ါ	ဖ	မ	အ	ခ	◌်	ဓ	ဩ	◌ွ	။	ည	ဥ	ဓ
ပ	ရ	ဧ	◌ါ	ဂ	၁	ဋ	◌း	ဒ	တ	သ	စ	ဉ	ဃ

ဘင်ဂျို
ဘော့စ်
တယော
ဒရမ်
ပလွေ
ဂစ်တာ
စောင်း
မယ်ဒလင်

ကိုဘိုး
ပါးကွင်း
စန္ဒယား
မူလစာမျက်နှာ
အတွက်
အမည်
တံပိုး
တွစ်တာ

58 - Fruit

ယ ◌ု ဒ လ သ က ာ ဦ ခ ဘ ဗ ဝ န ထ
ပ ◌ိ တ ◌် ◌ီ င ◌ီ ဟ ထ ယ န ဋ ◌ာ ေ◌
ဦ သ ဟ ည ည မ ◌် ဝ စ ◌် ဋ ဌ န ◌ာ
ဇ ◌ီ ◌း သ ◌ီ ◌း ◌ု ◌ူ ◌ီ ရ ပ ဩ တ ပ
န ◌း ဂ ဋ ဆ န ဝ န ဘ ◌ီ ။ ပ ◌် တ
ေ◌ စ ဥ မ ရ န ဂ လ ◌် ေ◌ ရ ခ သ ◌်
အ ◌် င ဿ ဩ ေ◌ ဋ ။ ဧ ◌း ◌ာ ဏ ◌ီ သ
◌ိ ◌ျ ည သ ◌ီ ◌း န ◌် ◌း ◌ု အ သ ◌း ◌ီ
မ ပ ဆ ဌ ဟ ရ ခ ဒ မ ဗ ဏ ဥ ◌ီ ◌း
◌် စ ဘ တ ◌် ◌ှ ပ န ◌် ◌း သ ◌ီ ◌း ◌း
လ ဥ ဒ ဗ ဥ င ဦ ထ တ ရ ◌ု တ ◌် ဂ
ဝ ဏ ဆ သ န ◌် မ ◌ွ ◌် က မ ဂ ဿ ာ
ဇ ပ ဒ သ ◌ီ ◌း ပ ◌ျ ေ◌ ◌ာ က ◌် ◌ှ င
သ စ ◌် တ ေ◌ ◌ာ ◌် သ ◌ီ ◌း က ခ ဿ မ

ပန်းသီး
တရုတ်
ထောပတ်သီး
ငှက်ပျောသီး
ဘယ်ရီ
ပိတ်
အုန်းသီး
စပျစ်သီး
ယုဒ
ကီဝီ

လီမွန်း
နေအိမ်
နေးရှင်း
သဘောသီး
မက်မွန်
သစ်တော်သီး
နာနတ်သီး
ဇီးသီး
ဘတ်

59 - Engineering

တ	်	င	ပ	ု	ံ	က	ြ	မ	်	း	ဖ	အ	ခ
ာ	ည	ဒ	ဝ	ပ	ဉ	အ	ရ	ဧ	။	ဘ	ြ	ု	ွ
်	ရ	်	က	န	အ	ပ	ထ	ါ	ဖ	ရ	န	တ	န
ာ	အ	က	င	်	အ	မ	်	း	ွ	စ	့	်	်
ေ	မ	စ	့	ြ	အ	ဿ	သ	ထ	စ	မ	်	ဘ	အ
မ	ယ	စ	်	တ	ိ	င	ဒ	တ	ဓ	ဘ	ဖ	စ	ာ
တ	ရ	င	ာ	ဧ	ဦ	မ	်	ီ	ဿ	ဟ	ြ	ဆ	း
ဓ	ဍ	ဇ	ေ	ဓ	ဍ	ခ	်	ဂ	ဇ	ဥ	ူ	င	ါ
ဏ	ဝ	အ	ထ	ဂ	ါ	ဗ	ဒ	မ	ျ	ယ	း	။	လ
ဏ	ခ	ဝ	င	်	ရ	ိ	ု	း	ှ	င	်	ထ	ဒ
ဖ	ဧ	အ	ခ	ျ	င	်	း	ဋ္ဌ	ယ	ု	်	၁	ဟ
ဆ	ေ	ာ	က	်	လ	ု	ပ	်	ရ	ေ	း	၁	ဉ
တ	ွ	က	်	ခ	ျ	က	်	မ	ှ	ု	ဘ	ဘ	ဝ
တ	ံ	ု	င	်	း	တ	ာ	ခ	ြ	င	်	း	ဋ္ဌ

ထောင့်
ဝင်ရိုး
တွက်ချက်မှု
ဆောက်လုပ်ရေး
အနက်
ပုံကြမ်း
အချင်း
ဒီဇယ်
ဖြန့်ဖြူး
စွမ်းအင်
အင်ဂျင်
အုတ်
အရှည်
စက်
တိုင်းတာခြင်း
မော်တာ
တည်ငြိမ်မှု
ခွန်အား

60 - Government

ဆ	ဌ	မ	ဇ	ဂ	ါ	ဆ	ဍ	နှ	ပ	ဍ	ဆ	သ	ာ
တ	ွ	ဋ	ာ	လ	။	င	လ	ဎ	ြ	ဿ	ပ	ာ	ပ
ရ	ဋ	ေ	ည	တ	သ	ဋ	ဏ	ဍ	ည	ဖ	ဗ	ဒ	ဒ
ာ	မ	ဌ	း	ခ	်	ဍ	ပ	ပ	်	ဥ	က	ည	ေ
း	ည	ခ	ဝ	န	ခ	က	ရ	ဌ	န	ရ	လ	ဎ	တ
စ	တ	သ	ဝ	စ	ွ	ဇ	ာ	ထ	ယ	ါ	ဧ	ယ	သ
ီ	ဘ	ဋ	င	်	ဆ	ေ	ာ	င	်	း	ါ	ေ	ခ
ရ	မ	မ	မ	ျ	်	ု	း	ူ	လ	ထ	ဋ	ထ	။
င	်	ှု	်	ရ	ခ	သ	င	်	္	က	ေ	တ	ဝ
်	မ	်	န	ွ	်	ခ	ွ	န	်	း	ဿ	ဗ	ဉ
ရ	ေ	း	ပ	်	လ	ပ	်	ွ	လ	ဧ	၁	ဧ	ဗ
ေ	ဟ	ည	စ	န	်	ု	င	်	င	ိ	ရ	ေ	း
း	လ	ွ	တ	်	လ	ပ	်	ရ	ေ	း	ဓ	ဓ	ဧ
တ	ရ	ာ	း	မ	ျ	ု	တ	မ	ု	ု	ပ	သ	ဍ

ဆွေးနွေး
ခရိုင်
လွှတ်လပ်ရေး
တရားစီရင်ရေး
တရားမျှတမှု
ဥပဒေ
ခေါင်းဆောင်
လွပ်လပ်ရေး
မာတိကာ
လူမျိုး
နိုင်ငံရေး
မိန့်ခွန်း
ပြည်နယ်
သင်္ကေတ

61 - Art Supplies

အ	အ	၁	ခ	ါ	ဇ	ဋ	ဋ	ဖ	ခ	ဏ	ဘ	ဩ	ဠ
ခ	င	ခ	။	တ	အ	ဋ	န	န	ရ	ရ	ဓ	ဥ	ါ
စ	ဧ	်	န	မ	ဉ	ဝ	သ	်	ဋ	ဇ	ဂ	လ	ဦ
ဒ	န	ဗ	္	်	ထ	ခ	ည	တ	ာ	ရ	ဝ	ဥ	ဌ
ဓ	န	ဝ	ခ	က	း	ဥ	မ	ီ	ဓ	ဿ	သ	ည	ဗ
ည	မ	၁	ဩ	ပ	ျ	တ	ဒ	း	ာ	ဋ	ထ	ဠ	င
က	ဌ	။	ထ	န	လ	ီ	။	မ	ဿ	သ	င	ဖ	အ
င	င	စ	က	္	က	ူ	။	ု	ာ	ဂ	ါ	ယ	ါ
င	ဉ	်	ည	မ	အ	ဋ	ရ	ု	င	ာ	၁	ဩ	ဘ
စ	ဆ	ီ	မ	အ	ီ	ဆ	ဲ	လ	်	ဇ	ယ	ာ	း
ဥ	စ	ဠ	ေ	ရ	ည	ဝ	ဦ	ဥ	ု	ယ	ဓ	ဘ	ဗ
ထ	တ	သ	ဇ	ါ	ာ	ဋ	ဥ	ဂ	မ	ဒ	ဌ	။	ါ
ခ	ဲ	ဖ	ျ	က	်	ရ	ှ	ု	ံ	့	စ	ေ	း
ဟ	ခ	ရ	။	ဉ	ဒ	ဧ	စ	ု	တ	်	တ	ံ	ဋ

အင်္ကျီ
စုတ်တံ
ကင်မရာ
အခန်း
ရွှံ့စေး
ဖန်တီးမှု
အီဆဲလ်

ခဲဖျက်
အမည်
မှင်
ဆီ
စက္ကူ
ဇယား
ရေ

62 - Science Fiction

က ◌ါ ဏ ◌ာ ၁ ယ န ဘ ယ ၄ ဉ လ ဝ ဒ
လ မ ဂ ဝ အ ထ ဂ ည န ၄ ဦ ဏ ဧ ဖ
သ ဖ ◌္ ဠ တ ဉ ဩ ယ ◌် ◌် ဩ ။ ရ ရ
က ဉ င ဘ ◌ာ အ အ ၄ ဩ ◌း ဂ ဏ ရ ဿ
◌် ၄ အ ဠ ◌ာ ။ ရ ဗ ဩ ခ ပ လ ဝ ဟ
ရ ◌ု ပ ◌် ရ ◌ှ င ◌် ရ ◌ု ◌ံ ည ◌ိ ◌်
◌ေ စ ◌ိ တ ◌် က ◌ူ ◌း ယ ဥ ◌် ◌် ◌ာ ◌ု
◌ာ ။ ပ ဗ ဋ ထ ဝ အ ◌ာ ◌ါ ဂ ◌း ဦ ◌ိ
န မ ◌ြ ◌ူ ◌ု န အ က ◌ီ မ လ ◌ှ ခ ◌ြ
◌် ◌ီ အ န ◌ာ ဂ တ ◌် မ ဩ က လ ဗ ဂ
◌း ◌း မ ◌ျ ◌ာ ◌း ပ ◌် ရ ◌ု ◌် က စ ဋ
◌ွ ဒ ◌ေ ◌း ဗ ◌ီ ◌း ယ ◌ာ ◌း ဆ ဆ ည မ
စ ◌ာ အ ◌ု ပ ◌် မ ◌ျ ◌ာ ◌း ◌ီ ည မ လ
အ ပ ◌ေ ◌ါ က ◌် က ◌ွ ◌် မ ◌ု ◌ု အ ဿ

အနုမြူ
စာအုပ်များ
ရုပ်ရှင်ရုံ
ဒေးဗီးယား
ပေါက်ကွဲမှု
အစွန်းရောက်
လှည်း
မီး
အနာဂတ်

ဂလက်ဆီ
စိတ်ကူးယဉ်
ဘန်ဂလို
ဂြိုဟ်
စက်ရုပ်များ
နှည်းပညာ
မီယာ
ကမ္ဘာ

63 - Geometry

အ	သ	◌ီ	အ	◌်	◌ု	ရ	◌ီ	အ	အ	စ	ယ	အ	င
စ	ဘ	သ	သ	ဌ	ဖ	◌ါ	န	ခ	လ	တ	◌ု	ပ	စ
◌ု	ဖ	အ	က	သ	တ	ဘ	ဒ	◌ျ	◌ျ	◌ု	တ	◌ြ	က
လ	အ	ခ	◌ျ	င	◌ိ	◌း	◌ီ	◌်	◌ာ	ရ	◌ွ	◌်	◌ိ
◌်	သ	ဂ	ဒ	◌ှ	ပ	ဉ	ဇ	◌ု	◌း	န	တ	◌ု	ဝ
◌ု	ဠ	ဧ	◌ာ	◌ိ	◌ါ	မ	င	◌း	လ	◌ိ	◌်	င	◌်
က	ည	ထ	တ	◌ာ	◌ံ	◌ါ	◌ိ	အ	◌်	◌း	ဗ	◌ိ	◌ု
◌ိ	◌ီ	၁	သ	ေ◌	န	ဝ	န	စ	◌ု	ဖ	ေ◌	င	င
ဦ	မ	◌ါ	ဍ	ထ	ဌ	ဋ	င	◌ာ	က	စ	ဒ	ဗ	◌ိ
ည	◌ျ	တ	◌ြ	◌်	ဂ	◌ံ	◌ိ	◌း	◌ိ	ဏ	ဉ	ဆ	◌း
ဂ	◌ူ	မ	◌ျ	က	◌ိ	န	◌ူ	◌ာ	ပ	◌ြ	င	◌ိ	တ
ေ◌	မ	အ	ခ	◌ျ	◌်	◌ု	◌း	က	◌ျ	◌ါ	ဉ	ဌ	ဋ
◌း	◌ူ	မ	တ	◌ှ	က	◌ိ	ခ	◌ျ	က	◌ိ	မ	◌ူ	◌ု
◌ါ	◌ု	◌ာ	◌ာ	ထ	ခ	အ	မ	◌ြ	င	◌ှ	◌ိ	ဖ	ဉ

ထောင့်
တွက်ချက်မှု
စက်ဝိုင်း
ဂေး
အချင်း
ဒီဇိုင်း
ညီမျှမှု
အမြင့်
အလျားလိုက်
ယူကလစ်ဒီယန်
အစလိုက်
နံပါတ်
အပြိုင်
အချိုးအစား
စတုရန်း
မျက်နှာပြင်
အချိုးကျ
သီအိုရီ
တြိဂံ

64 - Creativity

ဂ	ဓ	ဥ	ဂ	ဌ	ရ	ည	က	တ	ဆ	ဂ	က	ခ	ဝ
က	ဓ	တ	◌ါ	စ	◌်	◌ွ	တ	ဧ	။	◌ိ	◌ျ	◌ိ	ဝ
ပ	◌ြ	င	◌်	◌း	ထ	န	◌်	မ	◌ှ	◌ု	◌ွ	စ	င
စ	အ	ပ	ဝ	ဧ	ခ	ဗ	ဇ	ဦ	ပ	ပ	မ	◌ါ	အ
ဌ	ေ◌	န	င	အ	ဋ	ဒ	◌ါ	◌ြ	ဒ	ဌ	◌်	◌း	မ
တ	ထ	◌ွ	◌ု	◌်	ပ	◌ြ	◌ြ	ဌ	ဟ	မ	◌း	ခ	◌ြ
အ	ဘ	ဂ	ဆ	ပ	က	ဿ	ပ	ထ	◌ါ	င	က	◌ျ	င
ဿ	ဌ	ဗ	န	ေ◌	ည	◌ဲ	ဝ	◌ါ	ဟ	ဉ	◌ျ	က	◌်
က	လ	◌်	တ	◌ီ	◌ါ	◌ါ	◌ု	ဟ	ဍ	ဍ	င	◌်	မ
ဍ	ဦ	သ	ဧ	သ	ဂ	◌်	ဖ	ဃ	က	ဉ	◌်	မ	◌ျ
စ	စ	အ	ဋ	ဗ	င	ဟ	တ	ပ	◌်	◌ါ	မ	◌ျ	◌ါ
စ	စ	◌်	မ	◌ှ	န	◌်	မ	◌ှ	◌ု	န	◌ှ	◌ါ	◌း
ထ	ဟ	၁	ဌ	ည	ဒ	ဃ	တ	ဏ	ဟ	ဍ	◌ု	◌း	ဥ
စ	◌ဲ	တ	◌်	ခ	◌ိ	စ	◌ါ	◌း	မ	◌ု	◌ု	ဖ	သ

အနုပညာ
စစ်မှန်မှု
ကလဲတီ
ပြဇာတ်
စိတ်ခံစားမှု
ခံစားချက်များ
ပုံ
စေဆော်
ပြင်းထန်မှု
ပင်ကိုယ်
တွစ်တာ
ကျွမ်းကျင်မှု
အမြင်များ

65 - Airplanes

စ	က	ိ	ု	င	်	း	င	ဗ	ဦ	၁	ဗ	မ	ဦ
ရ	န	ဘ	ပ	ဉ	။	က	်	ဘ	ဖ	အ	ါ	လ	း
ဆ	င	မ	ဖ	တ	င	်	း	ု	ိ	မ	သ	ေ	တ
စ	ေ	ဘ	ဆ	ဉ့	ဓ	သ	ဇ	ခ	လ	ြ	ဝ	က	ည
ည	မ	ာ	ည	ဩ	န	း	ိ	ရ	ေ	င	ပ	ြ	်
ယ	ဗ	ဓ	က	ဉ	်	်	ု	ီ	ာ	ွ	ဉ	ေ	ခ
ဌ	ဉ့	က	င	်	း	င	ီ	း	င	်	ရ	ာ	ျ
အ	ဩ	ဧ	ဟ	ယ	လ	ဆ	ဒ	သ	်	ါ	ယ	င	က
အ	င	၁	ထ	ာ	ု	ု	ဟ	ည	စ	မ	ဉ	်	်
သ	ဂ	်	ဦ	ေ	ာ	စ	ပ	်	ာ	ဌ	ဒ	း	စ
ဟ	မ	ဝ	ဂ	လ	ေ	လ	ဇ	်	ဝ	ထ	ဖ	ဓ	ဇ
ဓ	ဦ	ဝ	ဗ	ျ	ဘ	ာ	ဧ	ါ	ရ	ု	ထ	ဓ	ာ
အ	ပ	က	ဒ	ဗ	င	ဆ	ာ	ရ	၁	ေ	ခ	ဦ	က
ဋ	မ	ု	ူ	း	ဍ	်	ယ	ာ	ေ	လ	း	ာ	ဌ

လေကြောင်း
လေထု
ဘောလုန်း
ဆောက်လုပ်ရေး
လေယာဉ်
ဆင်းသက်
ဒီဇိုင်း
ဦးတည်ချက်
အင်ဂျင်
လောင်စာ
အမြင့်
သမိုင်း
ခရီးသည်
လေယာဉ်မှူး
စက်ကိုင်း

66 - Ocean

ဂ တ ဆ တ တ ဗ ◌ာ ဘ ဧ ဥ တ ပ ။ ခ
က ◌ျ ◌ူ ဖ ဿ ◌ေ ဦ ဗ ပ က ဥ ◌ု လ ဥ
◌ျ ဘ ယ န လ ◌ှ ◌ ◌ု င ◌် ◌း စ ◌ါ ဘ
◌ေ ဂ မ ◌် ◌ာ လ ဉ တ ဂ ထ ◌ာ ◌ွ တ ဥ
◌ာ ဝ ◌ု ◌း လ ၁ စ သ ဏ ဓ ဆ န က ဗ
က အ န မ ဉ ◌ီ ည ဥ န ဿ ဒ ◌် မ လ
◌် င ◌် ◌း န ထ င ယ ◌် ။ န ဥ ◌ာ င
တ ၁ တ ◌ါ ဏ ဂ င ◌ါ ◌း လ ◌ေ ဝ ။ ◌်
န ဓ ◌ိ င ဓ ရ စ ဝ ◌း ဗ ဒ ဉ ဝ ◌း
◌် တ ◌ု ယ သ လ လ ဝ စ င ◌ာ စ ◌် ပ
◌း ဧ င ဘ န ◌ာ ◌ိ ယ မ လ ◌ါ ဿ ဘ ◌ိ
ပ ဝ ◌် ဏ ◌္တ ည ပ တ တ ဩ မ ◌း ◌ေ ◌ု
ဇ ဩ ◌း ဟ တ ပ ◌် မ ◌ြ ◌ှ ◌ု ◌ေ ရ င
ဇ က ။ ဩ ◌ာ ရ ◌ေ ည ◌ု ◌ ဉ သ ဆ ◌်

ရေညှို့
လှေ
သန္တာ
ဂဏန်း
လင်းပိုင်
ဝေ
ငါး
ဂျယ်လီငါး
ရေဘဝဲ
ကမာ

ကျောက်တန်း
ဆား
ငါးမန်း
ပုစွန်
ရေမြှုပ်
မုန်တိုင်း
တူနာ
လိပ်
လှိုင်း
ဝေလငါး

67 - Force and Gravity

အ	ဌ	ဌ	မ	ဠ	အ	◌့၊	◌့၊	န	◌ာ	ဘ	ဏ	ဧ	သ
လ	ဥ	ယ	ဂ	ဇ	တ	ေ◌	ရ	◌ူ	ပ	ဗ	ေ◌	ဒ	။
ဖ	မ	ပ	◌္	ဓ	ဇ	မ	◌ာ	သ	ဌ	ဗ	ဗ	ရ	ဂ
◌ိ	ဿ	ဩ	ဂ	ဦ	◌ာ	ဋ	က	◌ဲ	ဟ	နှ	ထ	န	တ
အ	င	ရ	နှ	ဩ	အ	ပ	ခ	န	ဘ	ဦှ	ဌ	တ	က
◌ာ	ဟ	ဌ	◌ီ	တ	အ	ဦ	◌ာ	င	။	◌ီ	ယ	ဖ	◌ဲ
◌း	ဥ	ဥ	တ	အ	လ	ေ◌	◌း	ခ	◌ျ	◌ိ	န	◌ဲ	က
ည	ဏ	ရ	◌ီ	ဝ	ပ	။	န	န	ထ	တ	ဘ	ဩ	◌ြ
အ	ခ	◌ျ	◌ိ	န	◌ဲ	စ	က	◌ဲ	ပ	◌ြ	င	◌ဲ	◌ွ
ဘ	ဏ	ဿ	၁	◌ု	ဥ	◌ာ	◌ာ	၁	ဒ	။	◌ဲ	ဦှ	သ
ဗ	ဟ	◌ိ	◌ု	။	◌း	လ	ယ	ဩ	စ	ဆ	◌ျ	ဦ	ေ◌
ဥ	ဋ	ဇ	ဆ	ဋ	။	◌ဲ	ဌ	ဆ	ဿ	ဓ	လ	ဿ	◌ာ
အ	ဝ	ေ◌	◌း	သ	င	◌ဲ	င	ယ	ဝ	လ	အ	ဦ	ည
ယ	ဓ	ဦ	ထ	၁	၊သု	ဠ	ဇ	ဝ	ဧ	ဗ	န	ဦ	ဘ

ဝင်ရိုး
ဗဟို
အဝေးသင်
တက်ကြွသော
မဂ္ဂနိတ်
စက်ပြင်
အော်ဘီ
ရူပဗေဒ
ဖိအား
အလျင်
အချိန်
အလေးချိန်

68 - Birds

ဟ	ထ	ဘ	ဘ	က	◌ူ	က	◌ိ	◌ု	◌း	ဝ	ဂ	ဏ	အ
◌ာ	ဌ	ဆ	◌်	စ	ည	ဇ	◌ာ	ဏ	ဌ	င	ဘ	ခ	မ
◌့	ဘ	ခ	င	◌်	◌း	ရ	◌ာ	စ	ဓ	ဧ	◌ာ	ဉ	သ
ခ	ဆ	◌်	န	◌်	ယ	◌ု	◌း	◌်	င	လ	အ	ဇ	၁
◌်	ဆ	◌း	◌်	န	င	ဓ	ယ	ရ	◌်	သ	ခ	ဝ	ဿ
ဖ	သ	◌ာ	◌း	က	◌်	◌ြ	က	ထ	◌း	◌ွ	ပ	◌ိ	ဂ
လ	ဘ	ပ	၁	◌်	◌း	လ	ဓ	စ	◌ါ	န	လ	ဒ	◌ု
မ	ခ	◌ါ	ဏ	င	ဂ	ဂ	◌ု	◌ှု	◌ေ	◌်	တ	စ	ဘ
င	သ	ရ	ဇ	◌ှ	◌ွ	ဇ	လ	◌ိ	ဒ	ဿ	တ	သ	ခ
◌်	ခ	◌ိ	န	◌း	◌်	ဒ	အ	အ	ပ	ဥ	၁	ဗ	ဝ
◌း	င	◌ု	ခ	◌ှု	င	စ	◌ာ	င	◌ှ	က	◌်	မ	ဿ
ဂ	ဩ	တ	ယ	◌ိ	ပ	န	မ	ဧ	ဉ	◌်	ဏ	◌ာ	ဒ
◌ိ	ဇ	◌ီ	မ	◌ျ	ထ	စ	ဿ	ဏ	ဥ	◌ြ	ည	စ	◌ာ
◌ု	။	ဿ	။	ခ	ဆ	◌ါ	ဟ	ည	ဋ	က	ဧ	◌ာ	ပ

ကြက်သား
ကူကိုး
ချိုးငှက်
ဘ
လင်းယုန်
ကြက်ဥ
ဖလမင်းဂို
ဘဲငန်း
စာရင်း
ဟာ့ခ်

သွန်
အွိစထရစ်
ပါရိတီ
ဒေါင်း
ပိုလန်
ပင်ဂွင်း
ခို
စာငှက်
ငန်း
ဗမာစာ

69 - Nutrition

က	ဓ	◌ာ	တ	◌်	စ	◌ာ	။	တ	။	ဒ	င	တ	အ
မ	◌ျ	◌ာ	◌း	ထ	အ	◌ွ	ေ◌	လ	အ	ဉ	◌ိ	ဗ	ရ
၁	ဿ	န	◌်	ခ	◌ျ	◌ိ	◌း	ေ◌	လ	အ	ပ	ဒ	ည
ဋ	ဂ	င	◌်	ဇ	◌ု	◌ိ	တ	◌ှ	◌ျ	မ	◌ြ	အ	◌်
ပ	သ	◌ွ	ေ◌	◌း	အ	◌်	ည	ရ	အ	ဗ	◌ာ	◌ာ	မ
တ	င	တ	င	န	မ	စ	အ	ည	ဌ	◌ီ	ရ	ဟ	◌ျ
ခ	◌ါ	◌း	သ	ေ◌	◌ာ	◌ာ	ဍ	ဆ	ဗ	တ	ည	◌ာ	◌ာ
ဿ	င	◌်	◌း	တ	◌ု	◌ိ	ရ	ပ	ဒ	◌ာ	◌်	ရ	◌း
အ	ရ	ဇ	ရ	ဋ	ဖ	ည	ထ	ေ◌	လ	မ	ဌ	ဏ	မ
ဉ	ရ	ဘ	ပ	အ	ဗ	ဍ	မ	မ	◌း	င	ဂ	မ	ဇ
ဂ	ခ	သ	၁	ဋ	ရ	◌ီ	လ	◌ိ	◌ု	◌်	ယ	က	ရ
ဋ	ဒ	ဓ	◌ာ	စ	◌ာ	◌း	ခ	◌ျ	င	◌်	စ	ရ	◌ာ
ည	◌ာ	စ	ဏ	ဧ	ဗ	ဋ	ဌ	ဌ	မ	ဆ	မ	ထ	င
က	ဆ	ဆ	စ	လ	တ	လ	ဖ	၁	ဉ	ဧ	အ	ဘ	ဏ

စားချင်စရာ
မှုတ
ခါးသော
ကယ်လိုရီ
ဓာတ်စာ
အရသာ
အလေ့အထများ
ကျန်းမာရေး

အရည်များ
အာဟာရ
ပရိုတင်း
အရည်အသွေး
င်ပြာရည်
တိုဇင်
ဗိတာမင်
အလေးချိန်

70 - Hiking

ရ	။	ယ	ဓ	ဓ	ရ	ခ	သ	ဘ	။	က	င	ဉ	ထ
ဖ	ာ	ဦ	။	ယ	ဌ	ဉ	ဘ	ဠ	ဇ	ခ	ဿ	ြ	လ
ခ	ရ	သ	ပ	န	်	ဆ	ာ	စ	ု	ရ	်	တ	မ
ထ	ဧ	န	်	န	စ	န	ဝ	ဉ	ခ	စ	ဟ	ဘ	်
ဓ	ဇ	င	မ	ဠ	်	ဟ	်	လ	ေ	း	ဏ	ထ	း
ဘ	ဏ	အ	ု	ဦ	တ	း	ဘ	၁	ထ	န	င	ဓ	ည
ဟ	ွ	ဆ	ု	ာ	ဓ	ု	ခ	ည	။	။	ဒ	စ	ွ
ပ	င	တ	င	၁	ဠ	က	၁	ြ	ဌ	ဇ	၁	က	ု
င	ရ	သ	်	ဓ	ဦ	ဆ	ပ	ု	်	ေ	ြ	မ	န
်	ဇ	ာ	ဆ	ဖ	ဠ	ာ	ာ	စ	ဝ	မ	၁	ာ	်
ပ	ဓ	ဇ	င	ဇ	်	ဉ	ဘ	ဇ	ဌ	ဆ	ျ	ဇ	ဖ
န	ဘ	ဿ	်	မ	ဦ	န	တ	ေ	ာ	င	်	ာ	ဖ
်	ဖ	ဥ	ြ	ဇ	လ	စ	ပ	ရ	က	ဌ	လ	ဝ	း
း	လ	ည	ပ	ဂ	ခ	ဧ	ဧ	်	ဇ	ယ	၁	ဝ	ရ

တိရစ္ဆာန်
ဘွတ်ဖိနပ်
ရာသီဥတု
လမ်းညွှန်
ဟဲလေး
မြေပုံ
တောင်
သဘာဝ
ပန်းခြံများ
ပြင်ဆင်မှု
ပင်ပန်း
ရေ

71 - Professions #1

ယ	မ	ယ	◌ာ	ထ	ဓ	ထ	ဿ	အ	ဆ	မ	ဖ	ဋ	မ
သ	ယ	◌ု	ဘ	။	ဆ	ဿ	င	ယ	ရ	က	သ	င	မ
◌ူ	ဖ	ဿ	ဆ	စ	ရ	ပ	◌်	◌်	◌ာ	ဘ	◌ာ	ဝ	ည
န	အ	စ	န	◌ိ	ဓ	ာ	ရ	ဒ	ဝ	ဏ	◌း	ေ◌	က
◌ာ	ဦ	က	ပ	ည	◌ု	။	◌ှ	◌ီ	န	◌်	ဘ	ဝ	မ
ပ	◌်	◌ု	◌ျ	ခ	◌်	◌း	ည	တ	◌်	လ	ေ◌	ဏ	◌ာ
◌ြ	ဧ	◌ြ	သ	ဗ	◌ါ	◌း	◌ာ	◌ာ	ည	◌ု	◌ာ	င	◌း
◌ု	င	◌်	ရ	◌ှ	ည	◌ာ	ပ	ပ	◌ံ	ပ	◌္	◌ိ	သ
ဂ	◌ါ	တ	◌ြ	ဉ	ဿ	ည	တ	◌ြ	စ	◌်	◌်	ယ	တ
ရ	◌ှ	ေ◌	◌့	န	ေ◌	လ	◌်	လ	ပ	င	င	◌ါ	◌်
ဝ	ေ◌	စ	◌ု	ဘ	ရ	။	◌ိ	ည	အ	န	သ	။	သ
ာ	ရ	◌ာ	◌း	ဒ	◌္	န	စ	ဇ	ဗ	◌်	ဇ	ဘ	◌း
ဂ	◌ီ	တ	ပ	ည	◌ာ	ရ	◌ှ	င	◌်	◌း	ဋ	ခ	◌ီ
လ	က	◌်	ဝ	တ	◌်	ရ	တ	န	◌ာ	ဇ	ည	ဌ	မ

ရှေ့နေ
ဘဏ္ဍာလုပ်ငန်း
နည်းပြ
ကေး
ဆရာဝန်
အယ်ဒီတာ
မီးသတ်သမား
မုဆိုး
လက်ဝတ်ရတနာ

ဂီတပညာရှင်
သူနာပြု
စန္ဒရား
ဝေစု
စိတ်ပညာရှင်
သင်္ဘောသား
သိပ္ပံပညာရှင်
ချုပ်

72 - Barbecues

မ	◌ျ	◌ာ	◌း	◌း	ေ◌	လ	က	စ	အ	အ	◌ြ	န	ရ
ဿ	◌ိ	ဒ	ထ	စ	လ	ဆ	ဌ	ဓ	ဌ	က	ဘ	ဘ	ဆ
◌ါ	၁	သ	ဉ	◌ာ	ဂ	င	င	◌ြ	ဿ	ဟ	င	င	တ
ရ	။	◌ာ	◌ာ	အ	◌ီ	စ	◌ံ	ဆ	မ	လ	◌်	◌်	သ
◌ြ	ဿ	◌း	ဆ	◌း	တ	ဒ	ပ	အ	ဏ	ဟ	◌း	◌း	ဓ
ဉ	ပ	က	◌ာ	◌ာ	စ	ည	◌ြ	◌ိ	က	ည	ပ	က	◌ာ
က	ဌ	◌်	ဧ	စ	◌း	◌ု	◌ာ	မ	တ	မ	◌ြ	ေ◌	◌း
ဒ	ဇ	◌ြ	စ	အ	ပ	ဦ	ရ	◌်	ရ	ဦ	◌ူ	◌ာ	ဌ
ဝ	စ	က	ဉ	ဝ	ည	က	ည	ဗ	က	န	ပ	တ	ဿ
န	◌ီ	န	◌်	သ	◌ွ	က	◌်	◌ြ	က	က	က	◌်	ဓ
န	ေ◌	◌ွ	လ	ည	◌်	စ	◌ာ	အ	သ	◌ီ	◌း	◌ု	◌ာ
ဧ	န	◌ွ	ေ◌	ရ	◌ာ	သ	◌ီ	ရ	ဥ	ဓ	ဝ	ရ	◌ါ
တ	ဠ	ပ	◌ြ	လ	ဌ	ဌ	ဂ	ဟ	ရ	◌ာ	ဂ	င	ဗ
ပ	န	ဆ	ဧ	မ	ဗ	ဇ	ဓ	ဋ	ဋ	ဋ	ဖ	ဒ	၁

ကြက်သား
ကလေးများ
ညစာ
မိသားစု
အစားအစာ
အသီး
အကင်
ပူပြင်း
ဓား
နွေလည်စာ
ဂီတ
ကြက်သွန်နီ
ငရုတ်ကောင်း
ဆား
ငံပြာရည်
နွေရာသီ
အိမ်

73 - Chocolate

မ	ဓ	န	ဝ	ခ	ါ	း	သ	ေ	ာ	ါ	ဿ	က	တ
သ	ြ	သ	ဖ	သ	ဇ	ဝ	ွ	အ	မ	ည	်	ယ	အ
က	ဏ	ေ	အ	ရ	သ	ာ	ေ	က	ဂ	မ	ဟ	်	ု
ြ	။	ဒ	ပ	ဘ	တ	ဟ	း	ာ	ြ	က	သ	လ	န
ာ	ဧ	ဥ	လ	်	ခ	ပ	အ	ဇ	ာ	ဆ	ခ	ိ	်
း	၁	ယ	ဒ	ဦ	ဖ	န	်	င	ဇ	။	ျ	ု	း
လ	ပ	ဋ	ာ	ဓ	င	ထ	ည	ဉ	၁	ဠ	ိ	ရ	သ
ု	လ	လ	ဘ	ဠ	ဒ	ဟ	ရ	ဦ	ဿ	ည	ု	ီ	ီ
ိ	ဉ	ီ	သ	ဝ	စ	ဌ	အ	ခ	ခ	ဒ	မ	၁	း
း	ခ	၁	အ	ဒ	ဩ	လ	ဏ	ဆ	ဿ	ဇ	ြ	ဇ	ရ
ရ	ထ	ဖ	ဘ	ိ	ု	မ	်	ျ	ဂ	င	ိ	ယ	ဘ
။	ဘ	မ	တ	ိ	ု	း	တ	်	ါ	ဓ	န	ဗ	မ
ဌ	ဥ	ဂ	ဉ	ဿ	န	၁	ာ	ဓ	ဗ	ဖ	်	၁	မ
ဿ	ဏ	ဧ	လ	ဏ	ဒ	ဒ	ဆ	ရ	ဉ	တ	က	။	က

ဓါတ်တိုး
ခါးသော
လီအို
ကယ်လိုရီ
သကြားလုံး
ဂျမ်ဘို
အုန်းသီး
အရသာ
အမည်
မြေပဲ
အရည်အသွေး
သကြား
ချိုမြိန်

74 - Vegetables

ပ	◌်	လ	◌်္	ဂ	◌	◌်	င	အ	◌ာ	န	◌ါ	သ	ည
မ	န	ခ	ရ	မ	◌်	◌း	ခ	◌ျ	ဉ	◌်	သ	◌ီ	◌း
က	◌ု	◌်	န	◌ိ	န	◌ိ	ပ	င	◌်	◌ါ	ဇ	◌း	သ
အ	◌ြ	န	◌း	ယ	◌ါ	န	ဆ	◌်	ဒ	ရ	င	◌း	◌ိ
◌်္	။	က	◌်	ဂ	ဥ	ဂ	◌်	ပ	လ	န	◌်	◌ာ	လ
တ	◌ြွ	လ	◌်	လ	◌ေ	ပ	◌ု	◌ိ	စ	◌ိ	◌း	◌ွ	◌ွ
◌်	ဥ	◌ီ	တ	သ	◌ာ	◌ါ	န	◌ြွ	ည	ဿ	◌ျ	ခ	င
အ	ဟ	က	လ	◌ီ	◌ွ	ဥ	◌်	ဒ	မ	ဏ	ဂ	သ	◌်
ဟ	ဆ	◌်္	ဆ	◌း	။	န	ယ	ဖ	ညှ	ဒ	လ	ဟ	င
ခ	၁	◌ု	ရ	◌ိ	ဖ	။	◌်	ဇ	◌ီ	ဘ	အ	ဠ	ဘ
အ	ဏ	◌ု	◌်္	◌ု	ဒ	◌ါ	ယ	ဖ	ဖ	ဧ	ဿ	ဇ	ထ
မ	◌ှ	◌်္	◌ု	ရ	သ	◌ာ	ဆ	အ	◌ြ	စ	ဉ	◌ြွ	ဗ
ပ	လ	ရ	◌ာ	ဖ	က	ခ	ယ	ခ	လ	◌ူ	◌း	◌ာ	အ
◌ြ	ခ	ဘ	က	ရ	ထ	တ	◌ှ	စ	◌်	တ	◌ာ	ဟ	ဒ

ပုံစံ
ဘရိုကိုလီ
ကာရို
ပန်းဂေါ်ဖီ
တွစ်တာ
သခွားသီး
ဥဂ်ပလန်
ကြက်သွန်ဖြူ
ကျွင်း
မှို

သံလွင်
အင်္ဂလိပ်
နံနံပင်
ပ
အာလူး
ဖရုံသီး
မုန်လာဥ
ဆလတ်
ခရမ်းချဉ်သီး
အိတ်

75 - Boats

သ	ဘ	သ	မ	◌ု	ဒ	◌ွ	ဒ	ရ	◌ာ	ဓ	ဂ	ဗ	န
င	သ	◌ူ	တ	ယ	င	သ	◌ာ	ဓ	ရ	ခ	ည	ယ	ဿ
◌်	ဓ	စ	အ	စ	ဋ	ဘ	ပ	ဘ	ဋ	ယ	ဋ	င	င
◌ွ	◌ါ	ဥ	ဿ	◌ိ	စ	◌ာ	တ	ဋ	ဝ	ဧ	ဂ	ဥ	ဆ
ဘ	ဆ	ဖ	ပ	ဘ	◌ု	ဝ	အ	ခ	လ	ဆ	ဥ	စ	ရ
◌ေ	ဏ	ည	ဏ	ဉ	ဆ	ဝ	ဉ	၁	ဦ	ဩ	ဂ	ဌ	ပ
◌ာ	မ	◌ာ	ရှ	◌ှ	ယ	◌်	◌ိ	၁	ဉ	သ	ဦ	န	ဝ
သ	လ	◌ှ	◌ိ	◌ု	င	◌်	◌း	◌ု	ဠ	ဟ	င	န	ပ
◌ာ	ရ	◌ွ	က	◌်	လ	◌ှ	◌ေ	ယ	င	စ	◌်	◌ျ	မ
◌း	ဏ	ဘ	ဉ	လ	◌ေ	ယ	◌ာ	ဉ	◌်	◌်	ဂ	ဟ	ဋ
င	က	ဝ	ဇ	◌း	◌ု	◌ိ	◌ျ	က	ထ	လ	◌ျ	စ	ထ
စ	ဧ	ထ	ဟ	◌ူ	◌ာ	ဒ	ဦ	စ	◌ာ	ပ	◌်	◌ိ	လ
ရ	ထ	ည	ဂ	န	ဖ	ယ	◌်	ရ	◌ီ	၁	င	င	ဋ
င	ဒ	န	◌်	က	◌ေ	ရ	က	။	သ	သုံ	အ	ရ	ပ

ဘူအိုဝိုင်
ကနူး
လေယာဉ်
အင်ဂျင်
ဖယ်ရီ
ကယား
ရေကန့်
မာရှယ်
သဘာဝ
သမုဒ္ဒရာ
လိပ်တာ
မြွစ်
ကြိုး
သင်္ဘောသား
ပင်လယ်
လှိုင်း
ရွက်လှေ

76 - Activities and Leisure

အ	ဘ	ဪ	ခ	စ	က	ဓ	အ	ဌ	တ	ဒ	၁	ဝ	တ
ဗ	န	◌ေ	ည	ဖ	◌်	တ	ဘ	◌ွ	ဒ	ထ	ဏ	အ	င
သ	မ	◌ု	◌ွ	ဦ	တ	သ	ပ	◌ေ	စ	ဘ	ဘ	ည	◌်
လ	ဏ	န	ပ	စ	င	ရ	◌်	◌ု	◌ါ	ထ	မ	ပ	◌း
ဂ	တ	က	၁	ည	◌်	စ	င	ဝ	ပ	လ	က	ယ	န
ခ	န	ဉ	ဿ	ဓ	◌ါ	ဘ	◌ု	ဠ	◌်	၁	◌ု	ည	စ
။	ဖ	စ	ဆ	ဧ	◌ေ	ပ	◌ေ	ဂ	◌ိ	ဉ	သ	◌ံ	◌်
ဉ	ယ	ည	စ	စ	တ	။	ရ	◌ါ	လ	။	နှ	◌ါ်	◌း
ရ	◌ေ	က	◌ူ	◌း	ဂ	◌ေ	◌ါ်	က	◌်	သ	◌ီ	◌း	ဧ
ဦ	ထ	ဦ	ည	◌ါ	ခ	ရ	◌ီ	◌း	သ	◌ွ	◌ါ	◌း	က
ဖ	ယ	◌ါ	ဗ	◌ု	ဘ	◌ေ	◌ါ	◌်	လ	◌ီ	ဘ	◌ေ	◌ါ
ည	သ	မ	ခ	◌ျ	◌ီ	◌း	◌်	န	ပ	ရ	ဘ	ဗ	ဥ
ဏ	ဦ	ဏ	သ	မ	လ	ဿ	ဓ	ဒ	ဌ	ဘ	ပ	ဓ	မ
ဘ	တ	◌်	စ	က	က	◌်	ဘ	◌ေ	◌ါ	ဟ	ဇ	ဉ	ဿ

အနုပညာ
ဘော့စ်ဘော
ဘတ်စကက်ဘော
ဝေ့
ရေငုပ်
မျှား
လိပ်စာ
ဂေါက်သီး
တောင်တက်
ပန်းချီ
ဘောလုံး
ရေကူး
တင်းနစ်
ခရီးသွား
ဘော်လီဘော

77 - Driving

လ	ဂ	ဏ	ပ	◌ာ	ခ	ဆ	◌ာ	လ	ဘ	မ	သ	တ	ဿ
အ	◌ီ	၌	ဋ	က	ဓ	ဧ	ဦ	◌ု	တ	တ	လ	◌ံ	ဖ
◌ာ	တ	◌ု	ဖ	ရ	တ	ဖ	ဒ	◌ံ	◌်	ေ◌	ေ◌	တ	င
မ	သ	ဆ	င	◌်	◌ျ	လ	အ	ခ	စ	◌ာ	◌ာ	◌ာ	◌်
ခ	◌ါ	တ	◌ာ	◌်	◌ာ	ေ◌	မ	◌ြ	◌်	◌်	င	◌း	◌း
◌ံ	ပ	က	ဒ	ည	စ	န	ယ	◌ု	က	တ	◌်	မ	မ
လ	မ	◌်	◌း	မ	ဝ	င	ါ	◌ံ	◌ာ	ဆ	စ	◌ျ	ေ◌
မ	ဝ	ထ	◌ာ	အ	စ	ဧ	◌်	မ	◌း	မ	◌ာ	◌ာ	◌ာ
ဂ	◌ြ	ည	က	ဘ	ဉ	ဿ	အ	◌ှ	ဝ	◌ှ	ဆ	◌း	ဉ
င	◌ွ	ေ◌	◌့	တ	◌်	◌ာ	ဓ	◌ု	သ	◌ု	သ	ဒ	◌်
ည	၌	ဧ	ပ	လ	◌ူ	သ	◌ွ	◌ာ	◌း	လ	◌ူ	လ	◌ာ
ဖ	ါ	ါ	ဗ	◌ု	ယ	ဓ	လ	ဋ	◌ဲ	ဂ	လ	ဇ	ယ
သ	င	ဟ	ဗ	ဂ	◌ံ	အ	န	◌္တ	တ	ရ	◌ာ	ယ	◌်
ထ	ရ	ပ	◌်	က	◌ာ	◌း	သ	န	◌ာ	ါ	ဓ	ါ	ဿ

မတော်တဆမှု
တံတားများ
ဘတ်စ်ကား
ကား
သတိ
အန္တရာယ်
ယာဉ်မောင်း
လောင်စာ
ဓာတ်ငွေ့
အာမခံ
လိုင်စင်
မြေပုံ
မော်တာ
လူသွားလူလာ
ရဲ
လိုခြုံမှု
အလျင်
လမ်း
အမည်
ထရပ်ကား

78 - Professions #2

ခ	ဇ	လ	ေ◌	ယ	◌ာ	ဉ	◌်	မ	◌ှ	◌ူ	◌း	ပ	◌ြ
ပ	◌ွ	◌ီ	တ	◌ီ	ထ	◌ွ	င	◌်	သ	◌ူ	မ	ဒ	ထ
န	ဆ	◌ဲ	ဝ	သ	◌ွ	◌ာ	◌း	ဆ	ရ	◌ာ	ဝ	န	◌်
◌်	ချ	◌ြ	စ	ဗ	ဓ	◌ာ	တ	◌ု	ဗ	ေ◌	ဒ	မ	ဉ
◌း	ဆ	ရ	◌ာ	◌ီ	ေ◌	◌ြ	ခ	ချ	ဒ	စ	တ	ဂ	င
ခ	ချ	စ	ဥ	က	တ	ဒ	ဇ	◌ြ	ဗ	ဟ	◌ါ	◌ု	င
◌ျ	◌ါ	◌ါ	ဥ	ဿ	မ	◌်	ပ	ဍ	ေ◌	ဘ	တ	ဂ	ဖ
◌ီ	လ	န	ဉ	စ	ဂ	ဗ	ဆ	ည	သ	ပ	ထ	ဇ	။
ဖ	သ	င	က	ဝ	စ	ဆ	ဧ	ရ	◌ာ	◌ာ	ဝ	င	အ
လ	ယ	◌်	သ	မ	◌ာ	◌း	ရ	ဍ	◌ာ	ရ	ဿ	◌်	န
ဒ	ဿ	န	◌ီ	က	ဗ	ေ◌	ဒ	◌ာ	ဘ	ဝ	◌ှ	◌း	ဘ
သ	◌ု	တ	ေ◌	သ	◌ီ	ခ	ချ	ဓ	ဝ	ဥ	န	င	ဠ
ဥ	ယ	◌ျ	◌ာ	ဉ	◌်	မ	◌ှ	◌ူ	◌း	န	ချ	◌်	◌်
ယ	ဇ	စ	မ	ရ	◌ာ	ဆ	ပ	◌ု	◌ံ	တ	◌်	◌ာ	ဓ

ဇီဝဗေဒပညာရှင်
ဓာတုဗေဒ
သွားဆရာဝန်
လယ်သမား
ဥယျာဉ်မှူး
တီထွင်သူ
မဂ္ဂဇင်း
ဘာသာဗေဒ
ပန်းချီ
ဒဿနိကဗေဒ
ဓာတ်ပုံဆရာ
ဆရာဝန်
လေယာဉ်မှူး
သုတေသီ
ခွဲစိတ်ဆရာဝန်
ဆရာ

79 - Mythology

ါ	ဗ	အ	ဩ	ာ	မ	န	ထ	ဏ	ဟ	ဝ	ဥ	ဿ	ဗ
ဘ	ဇ	ဂ	ပ	ဉ	မ	န	ခ	န	ဂ	ါ	း	မ	ေ
ေ	၁	ဉ	ာ	ြ	ူ	ဏ	ာ	ွ	ဿ	ဌ	င	ရ	ဒ
း	၁	င	ရ	ိ	ု	ီ	ဟ	လ	န	ဿ	ဍ	ဋ	ါ
အ	ဉ	်	ဉ	ဉ	က	အ	ဝ	၁	ိ	်	မ	ါ	ပ
န	မ	း	ည	ဘ	ျ	ဏ	မ	ဆ	။	ု	အ	ဝ	င
္	ိ	ခ	ဿ	ဂ	ေ	ဖ	စ	ှု	ဗ	ဥ	မ	ာ	်
တ	ု	ြ	င	်	း	ခ	ြ	ေ	သ	မ	ဒ	ူ	း
ရ	း	တ	ာ	စ	်	ွ	တ	င	ခ	ခ	ဏ	၁	ု
ာ	က	ီ	ဂ	ံ	ဥ	ဍ	။	သ	င	ာ	္	ဧ	ပ
ယ	ြ	း	ာ	ံ	ယ	သ	ဒ	ာ	ဧ	ဇ	ဍ	ာ	န
်	ိ	်	ဩ	ု	ဒ	ဋ	ဘ	ဦ	ရ	က	ာ	ည	လ
ဆ	ု	န	။	ပ	ဒ	ဇ	င	ဝ	က	ါ	ရ	ပ	ထ
ဆ	း	ဖ	လ	ှ	့	ပ	်	စ	ီ	း	ီ	ဇ	ဧ

ပုံစံ
အပြုအမူ
ဖန်တီးခြင်း
တွစ်တာ
ယဉ်ကျေးမှု
ဘေးအန္တရာယ်
ဟီရို
မသေခြင်း
မနာလိုမှု
ဗေဒါပင်
ဒဏ္ဍာရီ
လျှပ်စီး
နဂါး
ခွန်အား
မိုးကြိုး

80 - Diplomacy

သ ◌ံ အ မ တ ◌် က ◌ြ ◌ီ ◌း ပ ရ န ဧ
လ ◌ု ◌ံ ခ ◌ြ ◌ု ◌ံ ရ ေ◌ ◌း ဋ ယ ◌ိ ရ
သ ◌ံ ရ ◌ု ◌ံ ◌း ဋ ည လ တ ◌ြ ဆ ◌ု ပ
ဆ ◌ွ ေ◌ ◌း န ◌ွ ေ◌ ◌း ရ ဓ ၁ ရ င ◌်
သ ◌ံ တ မ န ◌် ရ ေ◌ ◌း ရ ◌ာ ဗ ◌် က
က ◌် ခ ◌ျ င ◌် ◌း ရ ◌ှ ေ◌ ◌ြ ဖ င ◌ွ
ခ ဏ ဥ ◌ါ ဆ ၁ ◌ု အ မ ည ◌် စ ◌ံ က
စ ဏ ခ က ◌ှ ပ ◌ိ ဋ္ဌ ပ န ယ ◌ာ ရ ◌်
ည ခ ဗ ဂ င ယ စ ဿ ဗ ဝ ဒ ခ ေ◌ မ
၁ ဿ ခ န က လ အ ၁ သ က ပ ◌ျ ◌း ၁
န ◌ိ ◌ု င ◌် င ◌ံ ခ ◌ြ ◌ာ ◌း ◌ု ဟ စ
တ ရ ◌ာ ◌း မ ◌ျ ◌ှ တ မ ◌ှ ◌ု ပ ဥ ဒ
သ မ ◌ာ ဓ ◌ိ လ က ဇ င ဒ ဌ ◌် ည လ
ဘ ◌ာ သ ◌ာ စ က ◌ာ ◌း မ ◌ျ ◌ာ ◌း ခ ဌ

သံအမတ်ကြီး
အမည်
ရပ်ကွက်
ပဋိပက္ခ
သံတမန်ရေးရာ
ဆွေးနွေး
သံရုံး
နိုင်ငံခြား

အစိုးရ
သမာဓိ
တရားမျှတမှု
ဘာသာစကားများ
နိုင်ငံရေး
လုံခြုံရေး
ဖြေရှင်းချက်
စာချုပ်

81 - Beach

ပ	ဌ	ယ	န	က	ဥ	ဋ	အ	သ	လ	ဿ	ဂ	ဋ	ဌ
ရ	လ	ဧ	ဏ	လ	သ	အ	ခ	ဿ	◌ဲ	◌ု	ဏ	န	လ
က	◌ျ	◌ွ	န	◌်	◌း	ပ	◌ွ	ပ	ဆ	ဟ	ေ◌	◌်	ဖ
ပ	ဧ	။	ဖ	ဝ	◌်	◌ြ	◌ိ	က	ဗ	ဥ	ဿ	◌း	ဓ
◌ါ	တ	ည	ဟ	◌ဲ	န	◌ာ	မ	◌ျ	◌ြ	အ	ဂ	တ	◌ါ
တ	ဂ	အ	ဝ	◌ှ	ဏ	ရ	◌ျ	ေ◌	ထ	က	ဋ	ရ	င
ရ	ဓ	ဒ	ဟ	◌ိ	ဂ	ေ◌	◌ာ	◌ာ	ခ	◌်	ဒ	◌ိ	ယ
ဌ	က	ဘ	◌ါ	တ	ဝ	◌ာ	◌း	က	ဖ	ရ	လ	◌ှ	ဓ
အ	ဥ	ခ	င	ရ	ဋ	င	◌ီ	◌်	ဦ	ပ	◌ု	◌း	ဗ
ခ	ပ	စ	ဉ	င	ဒ	◌်	ထ	တ	ဥ	◌်	ေ◌	◌း	◌ါ
သ	မ	◌ှ	ဒ	◌ူ	ဒ	ရ	◌ာ	န	ဦ	လ	က	◌်	မ
ပ	င	◌်	လ	ယ	◌်	ဘ	ပ	◌်	စ	◌း	◌်	မ	က
ထ	ဧ	မ	ဥ	ည	ဥ	ဖ	ဇ	◌း	အ	◌ာ	◌ွ	က	ဌ
ဉ	န	ယ	ဗ	ပ	ဉ	ဆ	ဦ	က	ဂ	အ	ရ	ဿ	ဓ

အပြာရောင်
လှေ
ကမ်းရိုးတန်း
ဂဏန်း
ကျွန်း
ကမ်းစပ်
သမုဒ္ဒရာ
ကျောက်တန်း
ရွက်လှေ
သဲ
ပင်လယ်
အခွံများ
တွံဝိလ်
ထီး
အားလပ်ရက်

82 - Countries #1

ဆ	၁	ဥ	မ	၁	အ	ပ	ိ	ု	လ	န	်	တ	အ
ဧ	ည	ါ	။	ခ	ဇ	ီ	း	ာ	ရ	ဘ	ထ	သ	စ
ထ	ထ	ဂ	ထ	လ	ဝ	ပ	ဂ	ဆ	ဇ	ဗ	ဆ	ဝ	္
ဇ	ဥ	န	ဂ	သ	ေ	ဝ	မ	ျ	ည	။	အ	၁	စ
လ	တ	်	ဗ	ီ	း	ယ	ာ	း	စ	ဗ	ီ	ဖ	ရ
ဏ	ဒ	ိ	ဇ	ဗ	်	ဍ	း	အ	ဇ	်	ရ	င	ေ
ရ	ဈ	ပ	ဍ	ဇ	ာ	ဆ	း	ီ	ဟ	၁	တ	်	း
ဟ	ထ	စ	ဗ	ထ	ေ	၁	ာ	တ	ဝ	စ	်	လ	မ
ဆ	။	ဒ	ါ	ေ	န	က	န	လ	ရ	င	ဂ	န	ခ
ဆ	ီ	န	ီ	ဂ	ေ	ါ	ပ	ီ	ဈ	ဗ	ျ	်	သ
ဆ	ည	ဿ	ယ	ယ	ဂ	ွ	ာ	ရ	ာ	က	ာ	ီ	န
လ	စ	်	ဗ	ျ	ာ	း	ဝ	ဎ	ဖ	ဖ	မ	ဓ	တ
မ	ေ	ာ	်	ရ	ိ	ု	က	ိ	ု	ဿ	န	ဒ	ဦ
ဗ	င	်	န	ီ	ဇ	ွ	ဲ	လ	ာ	း	ီ	ဥ	ဿ

ဘရာဇီး
ကနေဒါ
အီဂျစ်
ဖင်လန်
ဂျာမနီ
အီရတ်
အစ္စရေး
အီတလီ
လတ်ဗီးယား
လစ်ဗျား
မော်ရိုကို
နီကာရာဂွာ
နော်ဝေး
ပနားမား
ပိုလန်
ဆီနီဂေါ
စပိန်
ဗင်နီဇွဲလား

83 - Adjectives #1

ဌ	ခ	ရ	တ	ဌ	ပ	တ	ခ	ေ◌	တ	◌်	မ	◌ီ	တ
ဦ	ဧ	ဟ	◌ာ	ပ	ဌ	◌း	ေ◌	◌ှ	န	အ	ဦ	ရ	နု
ည	ရှ	ဿ	ဂ	ဿ	လ	◌ွ	◌ှ	◌ာ	◌း	◌ါ	ပ	က	◌်
◌ာ	◌ီ	င	ဉ	◌း	ေ◌	ရ	အ	စ	က	◌ါ	ဟ	◌်	ဖ
ပ	လ	အ	လ	ေ◌	◌း	အ	န	က	◌်	◌်	စ	ရ	◌ို
◌ု	◌ှ	ပ	◌ူ	ဆ	◌ဲ	မ	ဦ	အ	ခ	◌ါ	ပ	က	◌ု
န	သ	ည	ဇ	က	ဟ	◌ဲ	စ	ဘ	မ	ဆ	ဗ	◌်	◌း
အ	ေ◌	◌ာ	အ	ထ	အ	◌ွ	◌ံ	န	ရ	မ	ဧ	ရ	ရ
ခ	◌ာ	ရ	စ	သ	ပ	စ	န	ဆ	ဟ	သ	ဗ	ေ◌	◌ှ
ဗ	ရ	◌ှ	◌ါ	မ	ခ	◌်	ဉ	၁	ဧ	ဘ	င	◌ာ	◌ို
ဠ	◌ာ	◌ို	ခ	က	ဧ	◌ြ	တ	ဆ	◌ါ	ဒ	ဂ	ရ	သ
ဘ	ဥ	င	◌ာ	ဒ	ဒ	ပ	ဘ	◌ူ	ဝ	အ	င	ေ◌	ေ◌
ဒ	ူ	လ	ဗ	ဗ	◌ာ	အ	တ	ဌ	ဂ	ဝ	ဠ	◌ာ	◌ာ
ဇ	င	ရ	ဟ	ဍ	လ	အ	မ	◌ု	ေ◌	◌ာ	င	◌်	င

ရန့်
အနုပညာ
လှသော
တောက်ပ
အမှောင်
ရက်ရက်ရောရော
ဟလေး
အကူအညီ
ထပ်တူ
အရှေး
အပြစ်မဲ့
ခေတ်မီ
အလေးအနက်
အနှေး
ပါးလှာ
တန်ဖိုးရှိသော
ပညာရှိ

84 - Rainforest

ဒ	က	ရ	ာ	ဆ	လ	ထ	ဉ	လ	ဦ	က	ရ	တ	တ
ဆ	ဖ	ဠ	ု	ါ	စ	က	ဗ	ေ	ဉ	ွှ	ု	ံ	န
ဇ	ဉ	ဝ	ာ	က	ပ	လ	ယ	း	ဿ	်	င	ု	်
ဉ	မ	ခ	င	ဗ	ွ	ဒ	ဒ	စ	ဌ	ပ	်	င	ဖ
ါ	ာ	ဟ	ဇ	အ	က	ခ	ခ	ာ	ဒ	ြ	သ	်	ံ
က	်	က	ွ	်	ပ	ရ	ဗ	း	ဇ	ာ	န	း	ု
်	ယ	စ	က	သ	န	ာ	ဆ	ေ	စ	း	်	ရ	း
ဆ	ဘ	ဠ	ဝ	ာ	ဘ	သ	ရ	ဂ	ဒ	မ	မ	င	ရ
း	ဧ	ယ	ယ	ဇ	ဉ	ံ	ဉ	ဦ	ဒ	ု	ု	်	ှု
်	တ	သ	ာ	ဧ	ဆ	ဠ	ဖ	ဿ	ည	ု	ု	း	်
င	ဠ	ဧ	ဠ	ဖ	ဆ	တ	ထ	ဉ	ှု	ည	ဓ	သ	သ
အ	ဇ	ရ	ာ	လ	ု	ု	ိ	ု	ိ	ခ	င	ာ	ေ
င	ု	က	်	မ	ျ	ာ	း	ယ	ေ	ထ	ဠ	း	ာ
ာ	ဏ	ဒ	။	ဝ	အ	။	ာ	ယ	ရ	ည	ဟ	ဂ	သ

ငှက်များ
ရုက္ခဗေဒ
ရာသီဥတု
ရပ်ကွက်
ကွဲပြားမှု
တိုင်းရင်းသား
အင်းဆက်
ရေညှို
သဘာဝ
ခိုလှုံရာ
လေးစား
ရှင်သန်မှု
တန်ဖိုးရှိသော

85 - Technology

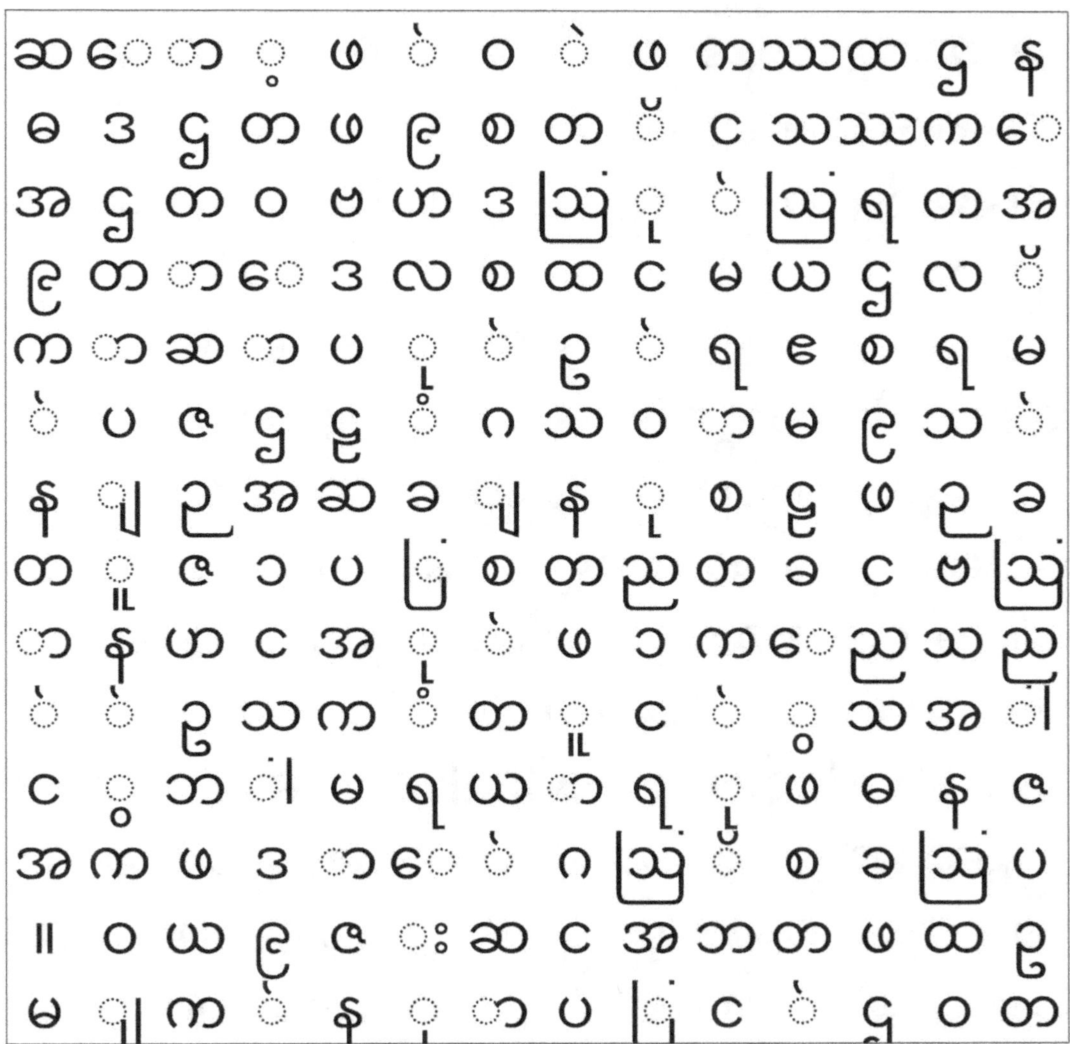

နွေအိမ်
ဘိုက်
ကင်မရာ
ကွန်ပျူတာ
ကာဆာ
ဒေတာ
ဒစ်ဂျစ်တယ်
ဖိုင်
အင်တာနက်
သုတေသန
မျက်နှာပြင်
လုံခြုံရေး
ဆော့ဖ်ဝဲ
အသွင်တူ

86 - Landscapes

ဗ	ထ	ဟ	ဇ	ထ	အ	◌ိ	◌ု	အ	ေ◌	စ	စ	◌်	ခ
ခ	ရ	ေ◌	ခ	◌ဲ	တ	ေ◌	◌ာ	င	◌်	။	တ	ဦ	◌ျ
ဝ	မ	ြ◌	စ	◌်	ရ	ဋ	◌ူ	ဌ	ြသ	ဂ	ေ◌	ဆ	◌ိ
ဉ	စ	ဓ	ဓ	ခ	တ	ဦ	ဂ	စ	ဒ	ဆ	◌ာ	ဧ	◌ု
တ	ေ◌	◌ာ	င	◌်	◌ာ	န	ေ◌	ည	ဒ	ဓ	င	။	င
သ	ယ	◌်	ဆ	◌ွ	န	◌်	◌း	◌ွ	◌ျ	က	◌်	မ	◌့
ရ	မ	ဋ	ည	က	◌ှ	◌း	ဆ	သ	ဏ	ဗ	က	◌ီ	◌်
ေ◌	တ	◌ု	ဉ	င	က	◌ွ	◌ာ	ေ◌	တ	န	◌ု	◌း	ဝ
ခ	ပ	ဏ	ဒ	သ	◌ဲ	◌ျ	ဟ	တ	ြသ	◌်	န	တ	◌ှ
◌ဲ	င	။	မ	◌ှ	သ	က	ပ	က	ဘ	က	◌်	ေ◌	မ
မ	◌်	ပ	ြသ	ဗ	ဒ	ဇ	ြသ	ြသ	ဉ	ေ◌	◌း	◌ာ	◌်
ြ◌	လ	ဆ	ဉ	ဧ	ြသ	ရ	ဉ	ဋ	ဇ	ရ	သ	င	◌း
စ	ယ	ဓ	င	က	ဌ	ဌ	◌ာ	ဋ	ဟ	လ	ဗ	◌်	ဆ
◌်	◌်	◌ါ	ဗ	က	မ	◌်	◌း	ခ	ြ◌	ေ◌	ဏ	◌ါ	ရ

ကမ်းခြေ
ဂူ
သဲကန္တာရ
ဂေးဆာ
ရေခဲမြစ်
တောင်ကုန်း
ရေခဲတောင်
ကျွန်း
ရေကန်
တောင်

အိုအေစစ်
သမုဒ္ဒရာ
ကျွန်းဆွယ်
မြစ်
ပင်လယ်
တော
တန်
ချိုင့်ဝှမ်း
မီးတောင်

87 - Visual Arts

ဖ ◌ွ ◌ဲ ◌့ စ ည ◌် ◌း မ ◌ု ◌ှ ဓ အ ၁
မ ◌ြ ◌ေ ဖ ◌ြ ◌ူ ခ ◌ဲ ခ င တ ◌ာ ရ ဗ
ဌ ဖ ဘ ဖ ၁ ည ဌ သ ဟ ပ ဥ တ ◌ေ ◌ိ
ဖ န ◌် တ ◌ီ ◌း မ ◌ု ◌ှ ◌ှ ၁ ◌် ◌ာ သ
လ ◌ာ ဥ ဘ ည ပ ဧ တ တ ◌ံ ဠ ပ င ◌ှ
င ◌် ရ ◌ု ပ ◌် ◌ှ ရ ◌ေ တ ဧ ◌ှ ◌် က
ရ ◌ွ ◌ု ◌ံ ◌့ စ ◌ေ ◌း ◌ာ ◌ူ ဖ ◌ံ တ ◌ာ
င ဧ ဟ ဂ ယ ◌ာ စ ◌ီ ◌် င လ ဗ င ပ
◌် ဘ ဟ ဂ ◌ျ ဓ ဗ ည ◌ှ န ၁ ပ ◌် ည
◌ာ တ သ ဍ ဘ မ ရ ဖ ◌ိ ဘ ပ ဍ ဆ ◌ာ
◌ေ ဆ ဝ ဟ ခ ဋ ◌် ဌ ဆ ဦ ဆ ရ ◌ီ ဧ
လ က ◌် ရ ◌ာ ဗ ဂ ဘ အ ဘ ဧ ယ ယ အ
က ခ ◌ဲ တ ◌ံ မ ◌် အ ◌ိ ◌ေ န ရ လ ပ
သ ဗ စ င ◌် ◌ွ ထ ◌ေ ◌ာ ◌ု ◌ု ရ ဏ ဗ

ဗိသုကာပညာ
အဆိုတော်
မြေဖြူခဲ
ရွှံ့စေး
ဖွဲ့စည်းမှု
ဖန်တီးမှု
ဂျမ်ဘိ
ရုပ်ရှင်
လက်ရာ
ကလောင်
ခဲတံ
ရှုထောင့်
ဓာတ်ပုံ
ပုံတူ
ပန်းပု
ဗလင်ဓိယာ
အရောင်တင်ဆီ
နေအိမ်

88 - Plants

ဝ	ဥ	ယ	◌ျ	◌ာ	ဉ	◌်	ဒ	ဗ	ဟ	◌း	◌်	န	ပ
ဗ	◌ါ	ရ	◌ု	က	◌္	ခ	ဗ	◌ေ	ဒ	ည	ဒ	ပ	င
။	သ	◌း	ဝ	◌်	သ	စ	◌်	ရ	◌ွ	က	◌်	န	◌်
။	ဘ	◌ါ	ဝ	◌ြ	ဆ	◌ဲ	ပ	ဦ	ယ	ဆ	က	◌်	စ
ဟ	◌ာ	ဏ	ဆ	မ	ဟ	က	◌ီ	◌ာ	ဠ	မ	ပ	◌း	ည
ဂ	ဝ	ဆ	တ	ရ	အ	။	တ	စ	ဏ	ရ	◌ာ	ပ	◌်
ခ	ပ	န	ဿ	◌ေ	ဧ	ရှ	◌ာ	ဇ	လ	အ	ဓ	◌ွ	။
မ	◌ေ	စ	န	ယ	◌ာ	◌ီ	ည	ရ	ဓ	ဘ	က	င	ဘ
◌ြ	◌ါ	◌ါ	မ	သ	စ	◌်	ပ	င	◌်	◌ု	ဒ	◌ွ	ဓ
◌ေ	က	ဗ	ဂ	သ	◌်	ယ	စ	ဇ	ည	ရ	ဦ	◌်	က
သ	◌်	ဏ	သ	ဿ	◌ြ	ဘ	န	သ	မ	◌ူ	ဏ	ဝ	။
◌ြ	ပ	ဂ	င	ခ	မ	ဏ	ပ	ယ	အ	◌်	◌ိ	ခ	။
ဇ	င	က	ဂ	ဗ	အ	◌ါ	◌ာ	ဝ	ဆ	ဠ	န	◌ေ	ဧ
◌ာ	◌်	၁	စ	က	က	◌်	က	ပ	◌်	စ	◌်	ဥ	ရ

ဝါး
ပဲ
ဘယ်ရီ
ပန်းပွင့်
ရုက္ခဗေဒ
ဘူရှိ
ကက်ကပ်စ်
မြေသြဇာ
ပန်း
သစ်ရွက်
သစ်တော
ဥယျာဉ်
မြက်
အမည့်
ရေညှိ
ပီတာ
အမြစ်
ပင်စည်
သစ်ပင်
သဘာဝပေါက်ပင်

89 - Boxing

ယ	ဿ	ခ	စ	တ	◌်	အ	◌ိ	◌်	က	လ	ဠ	ခ	ဏ
ဠ	က	◌ျ	◌ါ	◌ံ	ထ	◌ေ	◌ာ	င	◌ွ	◌်	ဥ	န	န
ထ	ပ	င	ဧ	တ	အ	◌ာ	◌း	န	◌်	◌ွ	ခ	◌ှ	ဠ
ဘ	◌ွ	◌်	သ	◌ေ	ဒ	◌ာ	ဂ	င	လ	ဇ	ဿ	ဓ	ဏ
ဥ	◌်	◌း	◌ီ	◌ာ	ဝ	သ	ရ	ဌ	။	င	ဧ	◌ာ	ပ
ဋ	က	လ	◌း	င	ဠ	လ	အ	◌ု	ဉ	။	ဌ	က	◌ြ
သ	◌်	ဦ	◌်	◌်	က	◌ု	န	◌်	◌်	ဧ	ဦ	◌ိ	◌ိ
◌ါ	◌ု	၁	က	ဆ	ဝ	၁	◌ာ	န	ဂ	အ	၁	◌ု	◌ု
ဥ	◌ိ	ဖ	လ	စ	ဿ	ဠ	ရ	ည	ဥ	ဘ	ပ	ယ	င
ဆ	တ	အ	၁	◌်	ဓ	ဧ	ဘ	ဥ	ဥ	မ	◌ြ	◌်	◌်
က	◌ျ	◌ွ	မ	◌်	◌း	က	◌ျ	င	◌်	မ	◌ှ	◌ု	ဖ
ဦ	ဘ	ဠ	ဓ	ယ	န	မ	ဓ	န	အ	က	ဟ	◌ာ	က
ဉ	ဆ	၁	ဗ	အ	ဠ	က	ဖ	မ	ဓ	ဦ	ဓ	င	◌်
ဒ	◌ိ	◌ု	င	◌်	လ	◌ူ	က	◌ြ	◌ီ	◌း	န	ဝ	ည

ဘဲလ်
ခန္ဓာကိုယ်
ချင်း
ထောင့်
တံတောင်ဆစ်
ကန့်
တိုက်ပွဲ
လက်သီး

အာရုံ
လက်အိတ်
ကန်
ပြိုင်ဖက်
ဒိုင်လူကြီး
ကျွမ်းကျင်မှု
ခွန်အား

90 - Countries #2

ဟ	ေ	တ	ီ	စ	အ	က	ရ	ဝ	မ	်	ဒ	ါ	ဆ
ဂ	ျ	ပ	န	်	ံ	င	ှ	မ	ဠ	ရ	ယ	ဇ	ူ
န	န	ေ	ည	က	ု	က	ာ	မ	ေ	ျ	ဂ	က	ဒ
ဉ	်	ါ	ဧ	်	င	ံ	း	ဆ	ပ	က	တ	င	န
ဝ	း	ီ	ဂ	အ	်	ု	နှ	ီ	ါ	သ	ယ	်	်
ဓ	ရ	န	ဒ	အ	ယ	ဆ	ီ	း	က	ဂ	ါ	ည	ဆ
လ	ံ	ဉ	ဠ	ံ	ာ	ီ	း	ရ	စ	ဒ	ရ	ာ	ံ
ယ	က	ါ	ဓ	ု	လ	က	ဒ	ီ	္	ံ	ါ	ံ	ု
ဆ	ူ	်	ာ	ာ	န	္	ံ	း	စ	န	ဌ	ဠ	မ
ဇ	ယ	ဂ	ဘ	လ	်	က	ု	ယ	တ	်	ဠ	ါ	ာ
။	ဠ	ဌ	န	န	ဂ	မ	်	ာ	န	း	စ	ဇ	လ
ဂ	ဖ	။	ဒ	်	ွ	ဏ	င	း	်	မ	ထ	ဧ	ီ
စ	ဩ	ဘ	ဿ	ည	ဒ	န	အ	ဘ	ဘ	တ	ဗ	ဏ	ယ
ရ	ု	ရ	ု	ာ	း	ါ	်	သ	ဩ	်	ဦ	ဇ	ာ

ဒိန်းမတ်
ဂရိ
ဟေတီ
အင်ဒိုနီးရှား
အိုင်ယာလန်
ဂျမေကာ
ဂျပန်
ကင်ညာ
လာအိုအက်စ်
လက်ဘနွန်
မက္ကဆီကို
နီပေါ
ပါကစ္စတန်
ရုရှား
ရဝမ်ဒါ
ဆိုမာလီယာ
ဆူဒန်
ဆီးရီးယား
ယူဂန်ဒါ
ယူကရိန်း

91 - Adjectives #2

အ မ ည ◌် ဘ အ ◌ါ ဖ ပ ဉ က တ ဥ စ
ဟ ဧ က ည့ ဉ သ ဉ န ◌ူ ဉ့ ဝ ◌ာ ဘ သ
။ ဘ န ◌ြ လ စ တ ◌် ပ ◌ါ ပ ဝ ဉ ဥ
ယ ရ ဓ အ ေ◌ ◌် ◌ါ တ ◌ြ ခ န န ပ က
◌် ေ◌ ဇ ခ ဒ ◌ာ ည ◌ီ င ။ ဧ ◌် ။ ဂ
တ ◌း ရ ◌ြ စ ဟ ◌ွ ◌း ◌် န ဂ သ တ စ
ဆ မ ဥ ေ◌ ဥ လ ခ န ◌း ဗ ◌် ◌ိ ◌် ဂ
◌ာ ◌ာ ဝ ◌ာ ဟ ◌ာ ထ ေ◌ စ ည တ မ ဇ ပ
က န ◌း က ထ ဇ ◌ါ ဝ ◌ာ စ ◌ွ ◌ျ ◌ာ သ
◌် ◌် န ◌် မ ◌ျ ◌် စ စ အ စ ◌ု ◌ြ သ
◌ှု ◌း ဂ ◌ု ဏ ◌် ယ ◌ူ န ေ◌ ◌် ၁ ပ ဓ
◌် ◌ျ ယ ဥ သ ၄ စ ပ ◌် ။ တ ဂ ဟ တ
ဗ က လ က ◌် ဆ ေ◌ ◌ာ င ◌် ◌ာ ဖ ။ ခ
ထ ◌ု တ ◌် လ ◌ု ပ ◌် မ ◌ု ◌ု ဘ|သုံ့ ဦ

စစ်မှန်
ဖန်တီးနေ
ပြဇာတ်
အခြောက်
ကြော့
အမည်
လက်ဆောင်
ကျန်းမာရေး
ပူပြင်း
ဗိုက်ဆာတယ်။
တွစ်တာ
သဘာဝ
အသစ်
သာမန်
ထုတ်လုပ်မှု
ဂုဏ်ယူနေ
တာဝန်သိမှု
ဆား
စပ်

92 - Water

အ	ဠ	က	ယ	ဋ	န	ဘ	။	ခ	ရ	ထ	သ	◌ါ	လ
ခ	က	ရ	ဗ	မ	◌ု	◌ှု	◌ာ	ဆ	ဒ	◌ေ	ဂ	ဠ	အ
မ	ဿ	ထ	ဿ	ဘ	င	မ	ဦ	မ	၁	◌ာ	ပ	ဖ	ရ
◌ာ	◌်	ဋ	ဆ	မ	◌ဲ	◌်	အ	သ	ဧ	င	င	ဖ	မ
ဆ	၁	◌ှ	ည	ဒ	◌း	ဗ	ယ	◌ဲ	လ	◌ဲ	င	ပ	န
ဠ	ယ	ဩ	◌း	တ	ခ	◌ေ	ရ	ဋ	ဒ	◌း	မ	ဟ	◌ု
ဩ	။	အ	ခ	မ	◌ဲ	ဒ	◌ေ	ဧ	ဿ	ပ	◌်	◌ာ	င
ဠ	ရ	◌ေ	က	န	◌ဲ	ဧ	ခ	ယ	ခ	◌ါ	◌ှ	ရ	◌ဲ
မ	ဦ	စ	သ	ဂ	ဦ	◌း	◌ဲ	ဥ	င	။	◌း	◌်	◌း
◌ြ	န	ခ	◌ါ	ခ	ဇ	မ	လ	ဇ	၁	လ	ရ	က	ဿ
စ	အ	သ	◌ာ	◌း	ပ	◌ေ	◌း	◌ွ	မ	၁	◌ွ	◌်	ထ
◌ဲ	မ	◌ှ	တ	◌ဲ	သ	◌ှ	န	◌ဲ	◌ု	ဗ	◌ာ	န	ဇ
စ	◌်	◌ှ	ထ	◌်	◌ှ	င	◌ဲ	◌း	ဆ	◌ေ	စ	◌ဲ	ဗ
အ	င	◌ဲ	◌ု	ဂ	လ	◌်	ပ	◌ဲ	ဂ	ဠ	ရ	◌း	ဒ

အင်္ဂလိပ်
ရေလွှမ်းမိုး
နှင်းခဲ
ဘူမိဗေဒ
စိုထိုင်းဆ
ဟာရီကိန်း
ရေခဲ
ရေကန်

အသားပေး
မုတ်သုန်
ပင်လယ်
မိုးရွာ
မြစ်
အိမ်
နှင်း
ထောင်းပါ။

93 - Business

ဘ ရ စ ပ ဓ ◌ာ ။ ဖ စ က ယ ဓ အ လ
ရ ◌ှု ◌ိ ◌း ခ နှ ◌် ◌း ◌ီ ◌ု ဖ ထ လ ◌ဲ
ဏ ◌ီ ပ မ ◌္ ◌ူ က ဋ ◌း နှ ပ အ ◌ု ပ
ဝ ဦ ခ ဂ စ ဦ ◌ြ ယ ပ ◌် အ ဗ ပ ◌်
လ ဝ င ◌် င ◌ွ ◌ေ ဉ ◌ွ က မ လ ◌် စ
◌ါ ◌ျ ည ဟ ဓ ရ ◌း င ◌ာ ◌ျ ◌ြ ဘ ရ ◌ာ
ခ ဒ ◌ှ အ စ ဗ ◌ေ ◌ွ ◌း စ တ ဏ ◌ှ မ
က နှ ဇ ◌ေ လ ည ◌ွ ◌ေ ရ ရှ ◌် ◌္ င တ
ဆ ဦ ဋ ◌ြ ◌ာ ◌ု င ဓ ◌ေ ◌ဲ အ ဍု ◌် ဗ
ဂ ◌ီ ◌ာ ယ လ ◌ွ ပ ဦ ◌း တ စ ◌ာ ဝ ဂ
ဌ ရ ◌ု ◌ိ ◌် က စ ◌် အ ◌် ◌ွ ရ ထ ဌ
ခ ဖ ပ င ဿ ဒ င ◌ျ ◌ာ ဖ နှ ◌ေ တ ဉ
က ◌် ဂ ◌ျ ◌် တ ဘ ည ◌ေ ၁ ◌် ◌း ဍ ဌ
မ နှ ◌် နှ ◌ေ ဂ ◌ျ ◌ာ နှ ◌း ◌း ရ ပ အ

ဘတ်ဂျက်
ကုမ္ပဏီ
ကုန်ကျစရိတ်
ငွေကြေး
လျှော့ဈေး
စီးပွားရေး
အလုပ်ရှင်
စက်ရုံ
ဘဏ္ဍာရေး
ဝင်ငွေ
အလုပ်
မန်နေဂျာ
ငွေ
ရုံးခန်း
အမြတ်အစွန်း
လုပ်စာ
ဆိုင်

94 - Literature

ဉ	ဠ	ရ	က	ခ	ဝ	တ	◌ွ	ထ	◌ု	ဆ	ဥ	က	အ
ဒ	ဇ	စ	◌်	◌ာ	ဟ	ဓ	ဍ	စ	သ	န	ပ	ဗ	တ
ဘ	၁	◌်	ခ	အ	ရ	အ	ဖ	ဝ	အ	◌်	စ	◌ျ	◌ွ
ဗ	က	သ	◌ျ	ဖ	ဏ	န	ဠ	ဓ	န	◌း	◌ာ	◌ာ	ထ
ဧ	ဝ	မ	ပ	◌ြ	ဇ	န	◌်	ဦ	◌်	စ	က	။	◌ု
င	မ	◌်	◌ြ	စ	က	◌ိ	ဓ	အ	ဂ	စ	န	ဠ	ပ
ဉ	၁	သ	◌်	◌်	ဥ	ဒ	ဇ	ဘ	◌ု	◌်	စ	ဟ	◌ွ
တ	ဥ	◌ူ	◌ာ	ဆ	ပ	◌ါ	◌ာ	ဉ	◌ံ	ခ	ဥ	◌ါ	ပ
ဆ	◌့	ရ	ေ◌	◌ိ	မ	န	က	က	◌း	◌ြ	ဠ	ဓ	တ
၁	ဗ	ေ◌	ဖ	◌ု	◌ာ	◌်	ည	◌ါ	၁	င	ဇ	အ	◌ွ
က	ဦ	◌း	◌့	◌း	၊	◌း	ဦ	ဓ	ဿ	◌်	ဆ	ဆ	တ
◌ာ	။	◌ာ	ဇ	ဆ	ဒ	။	လ	င	ဿ	◌း	ဓ	◌ြ	◌ိ
ဒ	စ	စ	င	◌်	◌ု	◌ိ	တ	စ	◌ာ	ဝ	ဍ	မ	င
ယ	ထ	။	စ	ဖ	ဒ	◌ံ	ဇ	။	ဇ	ဟ	ဆ	ဥ	က

နိဒါန်း
ဆန်းစစ်ခြင်း
ဥပမာ
စာရေးသူ
အတ္ထုပ္ပတ္တိ
နိဂုံး
ဖော်ပြချက်
တွေ့ဆုံ

ဥပစာ
ဝတ္ထု
ကဗျာ
ကာရန်
ရစ်သမ်
စတိုင်
အဓိက
အဖြစ်ဆိုး

95 - Geography

တ	◌ူ	◌း	◌ီ	တ	လ	ဏ	◌ါ	ခ	ဿ	၁	ဖ	ဟ	ခ
ည	◌ေ	ဆ	န	ဠ	ဠ	ပ	ဆ	◌ြ	ည	ဝ	လ	ဧ	လ
ပ	တ	◌ာ	က	◌့	◌ေ	◌ီ	အ	◌ံ	ဿ	ဓ	၄	န	ဉ
ဖ	ဆ	ဗ	င	ဆ	ဂ	ထ	◌့	က	◌်	◌ာ	◌ေ	န	အ
ဘ	◌ိ	◌ု	မ	◌်	◌ျ	ဂ	ယ	◌ု	တ	သ	ဒ	◌်	န
သ	မ	◌ု	ဒ	◌ွ	ဒ	ရ	◌ာ	န	◌ိ	ဖ	◌ေ	ဒ	ယ
န	◌ိ	◌ု	င	◌်	င	◌ံ	မ	◌်	◌ု	◌ြ	သ	◌ျ	◌်
အ	မ	◌ြ	င	◌့	◌်	က	◌ြ	◌း	က	ပ	မ	◌ိ	မ
ဠ	◌ာ	ပ	သ	ဿ	ပ	ယ	စ	င	◌်	ဉ	ယ	မ	◌ြ
င	ဠ	ဓ	င	ဒ	ဩ	မ	◌်	◌ာ	က	ယ	င	ဓ	◌ေ
က	◌်	ဘ	က	◌်	◌ာ	◌ေ	◌ြ	မ	◌ြ	င	ဟ	၁	လ
က	မ	◌ွ	ဘ	◌ာ	လ	ဿ	ဇ	◌ါ	◌ီ	ယ	ဂ	ဒ	င
မ	◌ြ	◌ေ	ပ	◌ု	◌ံ	ယ	ဝ	ဠ	◌း	သ	အ	ရ	ဠ
ဏ	ပ	ဿ	သ	ရ	ဂ	န	◌်	◌း	◌ွ	◌ျ	က	ဇ	န

အမြင့်
ဂျမ်ဘို
မြို့
တိုက်ကြီး
နိုင်ငံ
အီကွေတာ
ခြိကွန်း
ကျွန်း
လတိတူး
မြေပုံ
မိဒျုန်
တောင်
မြောက်ဘက်
သမုဒ္ဒရာ
ဒေသ
မြစ်
ပင်လယ်
နယ်မြေ
အနောက်
ကမ္ဘာ

96 - Pets

ဖ	ဖ	ယ	ဇ	ဟ	မ	◌်	စ	တ	◌ာ	ခ	န	သ	ဏ
ခ	ဌ	ဉ	။	ဓ	ဠ	ပ	◌ာ	ခ	တ	ဿ	◌ွ	ဝ	ဦ
ပ	◌ါ	ရ	◌ိ	◌ု	တ	◌ီ	အ	ဌ	ဗ	ဆ	ခ	◌ေ	ဆ
ဆ	◌ိ	တ	◌်	ဏ	ဦ	ပ	◌း	◌ီ	◌ြ	မ	အ	ရ	◌း
ဏ	ဆ	လ	ဝ	ယ	မ	◌္	◌ာ	ဘ	တ	ဖ	တ	န	◌ာ
၁	ဠ	င	င	၁	◌ာ	◌ု	စ	ဦ	ခ	သ	တ	ဓ	◌ွ
တ	ဋ	ဆ	ဖ	ဇ	ဉ	ပ	အ	ဖ	ဒ	ပ	က	ခ	န
တ	◌ိ	တ	◌ိ	ရ	◌ိ	စ	◌္	ဆ	◌ာ	န	◌်	ဦ	ဗ
က	ဌ	ဖ	ဩ	ဏ	ဋ	သ	ဖ	န	န	◌်	◌ွ	◌ိ	ဿ
မ	◌ြ	။	ဂ	ရ	ဝ	ယ	တ	ဖ	သ	◌ု	◌ြ	င	လ
င	ဓ	◌ေ	ဧ	င	ဠ	န	ဌ	ရ	ခ	ယ	က	◌ါ	ဦ
ဆ	ဆ	ဒ	◌ာ	ထ	ယ	က	◌်	လ	◌ု	ပ	◌်	◌း	ဇ
ဘ	။	ဆ	ဒ	င	ထ	ဘ	ဧ	◌ာ	ဇ	◌ါ	လ	ဇ	န
ဟ	ဇ	◌ာ	◌း	◌း	◌်	င	လ	ခ	ပ	သ	သ	ဦ	ဘ

ကြောင်
နွား
ခွေး
ငါး
အစားအစာ
ဆိတ်
ဟမ်စတာ
လင်းဇား
ကြွက်

ပါရိုတီ
ယက်လုပ်
ပုပ္ပိ
ယုန်
အမြီး
လိပ်
တိတိရိစ္ဆာန်
ရေ

97 - Jazz

အ	။	ည	◌ါ	က	ဝ	င	ရ	စ	ဥ	တ	င	တ	ဝ
စ	◌ေ	ဉ	ဪ	ဏ	ယ	ဿ	စ	ဠ	ည	◌ေ	စ	ဋ	ဖ
ပ	တ	◌ာ	ည	◌ာ	ပ	◌း	◌်	ည	န	◌း	၁	ဗ	◌ွ
အ	ဌ	◌ိ	◌်	စ	သ	အ	သ	စ	ဆ	ရ	အ	ဿ	◌်
န	အ	ဠ	◌ု	ခ	သ	င	မ	ဏ	◌ာ	◌ေ	၁	။	◌ွ
◌ု	မ	၁	ဒ	င	◌ျ	အ	◌်	ဠ	မ	◌း	ဒ	ဘ	စ
ပ	◌ျ	◌ာ	င	န	◌်	က	ယ	ထ	ပ	ဆ	၁	ဒ	ည
ည	◌ိ	ဝ	ဦ	ဦ	ဏ	ဒ	◌်	◌်	မ	ရ	ဒ	အ	◌်
◌ာ	◌ု	ဉ	ဇ	တ	ထ	ဟ	ရ	စ	လ	◌ာ	ဥ	မ	◌း
ရ	◌း	သ	◌ီ	ခ	◌ျ	င	◌်	◌း	◌်	◌်	စ	ည	မ
◌ှ	အ	အ	ပ	◌ြ	◌ု	အ	မ	◌ူ	ဂ	ထ	ဘ	◌်	◌ှ
င	စ	စ	ဓ	ဌ	ဏ	ဏ	ဝ	ပ	◌ီ	ဌ	ရ	မ	◌ု
◌်	◌ာ	ဥ	◌ာ	ဿ	◌ာ	န	တ	ဥ	တ	င	ဠ	◌ာ	◌်
ဝ	◌း	တ	ဖ	◌ျ	◌ေ	◌ာ	◌်	ဖ	◌ြ	◌ေ	ပ	◌ွ	◌်

အယ်လ်ဘမ်
အနုပညာရှင်
တေးရေးဆရာ
ဖွဲ့စည်းမှု
ဖျော်ဖြေပွဲ
ဒရမ်
အမည်
အပြုအမူ
ဂီတ
အသစ်
အော်ချက်စ်ထရာ
ရှစ်သမ်
သီချင်း
စတိုင်
အမျိုးအစား
နည်းပညာ

98 - Nature

ဧ	ဘ	ဟ	မ	သ	ေ	ာ	က	ြ	ွ	ဲ	က	တ	တ
ဓ	အ	ဿ	၎	စ	ခ	သ	ထ	ဉ	ဖ	ဂ	ဓ	ဉ	်
ပ	ရ	န	အ	ဲ	ဒ	ဲ	မ	တ	ည	ဂ	ရ	ဖ	ု
ဿ	ေ	ဏ	က	ရ	အ	က	ဒ	ဗ	ဟ	ဇ	၎	တ	က
စ	း	ဖ	ယ	ွ	မ	န	ယ	ဩ	သ	ဉ	ဦ	်	ဲ
ဲ	ပ	သ	၎	က	ြ	ှ	ဋ	ရ	ဧ	။	ရ	ရ	စ
မ	ါ	ထ	စ	ဲ	စ	တ	ယ	ဆ	ဉ	တ	က	စ	ာ
ြ	ြ	ဗ	ဓ	ဲ	ဲ	ာ	ဇ	ါ	ဟ	၎	တ	ှ	း
ခ	ဉ	ူ	ဩ	ဏ	တ	ရ	ပ	အ	ူ	လ	အ	ဆ	မ
ဲ	သ	ယ	န	အ	ဒ	ေ	င	ာ	ဦ	ရ	ါ	ာ	ူ
ေ	ဝ	ဗ	က	ူ	အ	စ	ာ	တ	ဋ	က	န	န	ု
ရ	ဋ	ဥ	သ	ဉ	င	ဘ	က	်	ဉ	ည	ရ	ဲ	ဖ
ဣ	န	ြ	ေ	ှ	ဒ	ဲ	ဉ	တ	စ	မ	ဏ	က	ဿ
စ	အ	င	ဟ	ဝ	တ	ဩ	း	ဲ	၎	ဖ	အ	ာ	င

တိရစ္ဆာန်
အာတိတ်
အလှအပ
သဲကန္တာရ
တက်ကြွသော
တိုက်စားမှု
မြူနှင်း

သစ်ရွက်
သစ်တော
ရေခဲမြစ်
မြစ်
ကြွေဒ
အရေးပါ

99 - Vacation #2

န	ခ	ယ	ပ	အ	ဟ	ဏ	င	တ	ဗ	ပ	ဟ	မ	စ
ပ	◌်	◌ု	◌ွ	စ	◌ဲ	တ	ပ	ဉ	ပ	န	တ	◌ြ	◌ာ
ဌ	သ	◌ု	က	မ	◌ဲ	◌း	ခ	◌ြ	ေ◌	◌ဲ	◌ဲ	ေ◌	◌း
ဩ	မ	ဏ	င	ပ	ဗ	◌ီ	ဇ	◌ာ	ဦ	◌း	ဌ	ပ	သ
က	◌ဲ	ရ	ပ	◌ဲ	လ	◌း	◌ာ	အ	ဧ	တ	။	◌ု	ေ◌
တ	◌း	◌ါ	၁	ဆ	င	ဟ	သ	ဏ	အ	◌်	ခ	◌ိ	◌ာ
ဥ	◌်	ဗ	◌ာ	◌်	ဥ	◌ိ	◌်	သ	တ	◌ု	◌ါ	ဏ	က
ဉ	ဂ	။	ဧ	ေ◌	ဂ	ဉ	ခ	◌ု	ဒ	င	ဝ	ဌ	◌ဲ
သ	ဈ	ယ	◌ဲ	လ	◌ဲ	င	ပ	◌ြ	တ	◌ဲ	ဩ	အ	ဆ
က	◌ျ	◌ွ	န	◌ဲ	◌း	န	ဉ	ဆ	◌ာ	ယ	ဉ	ဂ	◌်
ရ	ဥ	သ	က	စ	◌ီ	က	◌ှ	က	တ	◌း	◌ဲ	။	◌ု
ဥ	ထ	ရ	ထ	န	ရ	ဖ	ဓ	ဂ	ဩ	ဘ	ခ	ဦ	င
ဖ	ဝ	◌ာ	ရ	ဥ	ခ	စ	ဉ	◌ာ	ဥ	ဘ	ဌ	န	◌ဲ
ခ	ရ	ဿ	◌း	ဿ	န	အ	◌ါ	ယ	ဓ	ဏ	အ	ဋ	ဩ

လေဆိပ်
ကမ်းခြေ
ပန်းတိုင်
နိုင်ငံခြား
အားလပ်ရက်
ဟိုတယ်
ကျွန်း
ခရီး
ဂိမ်း
မြေပုံ
ပတ်စပို့
စားသောက်ဆိုင်
ပင်လယ်
တက္ကစီ
တဲ
ရှထား
ဗီဇာ

100 - Electricity

ဝ	အ	ဌ	သ	က	◌်	စ	◌း	◌ီ	မ	◌ာ	က	လ	မ
တ	အ	ပ	ဂ	ဗ	◌ေ	ဋ	◌ာ	ရ	တ	။	◌ွ	◌ျ	◌ိ
◌ှ	◌ါ	န	◌ြ	ဍ	◌ာ	ဘ	ဗ	◌ီ	ပ	ဥ	န	◌ူ	ဒ
ထ	ပ	အ	◌ု	◌ု	လ	ယ	ယ	ထ	စ	ဘ	◌်	ပ	◌ျ
◌ု	ဖ	ဍ	လ	တ	သ	ဥ	◌ာ	◌်	။	ဆ	ယ	◌်	န
မ	လ	ဠ	လ	ပ	◌်	ဘ	ဗ	က	လ	အ	က	စ	◌်
◌ျ	အ	◌ီ	မ	◌်	မ	လ	◌ေ	ဘ	ဦ	◌်	◌်	စ	က
◌ာ	ယ	ည	ဘ	ည	◌ီ	ဒ	က	◌ာ	ည	ပ	ဦ	◌်	။
◌း	ဟ	န	ည	ဦ	◌း	ဿ	◌်	◌ှ	ဇ	ဏ	ဏ	ရ	စ
ဍ	ထ	◌ာ	ဩ	ဩ	အ	ဇ	န	ဟ	ခ	မ	ဒ	◌ါ	ဥ
န	ဆ	မ	ဋ	ဓ	◌ိ	ဍ	◌်	◌ါ	ထ	ဏ	ခ	င	ဟ
ရ	စ	ဟ	ဏ	ဆ	မ	ဋ	က	လ	ရ	ဆ	◌ာ	◌ေ	လ
ည	က	ဩ	လ	ဠ	◌်	။	မ	ဖ	ဌ	။	င	ဓ	◌ာ
တ	ယ	◌်	လ	◌ီ	ဖ	◌ု	န	◌်	◌း	တ	ဟ	ဦ	အ

ဘက်ထရီ
ကေဘယ်လ်
လျှပ်စစ်
မီးချိန်
မီးစက်
မီးအိမ်
လေဆာ
မက်နက်
အနုတ်လက္ခဏာ
ကွန်ယက်
ဝတ္ထုများ
အပြုသဘော
အိမ်
တယ်လီဖုန်း

1 - Antiques

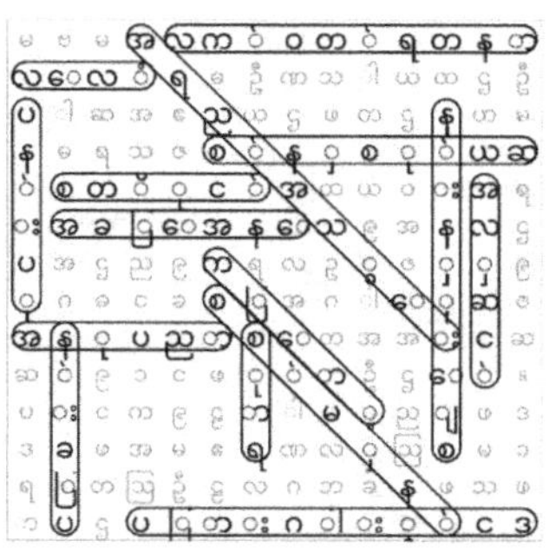

2 - Food #1

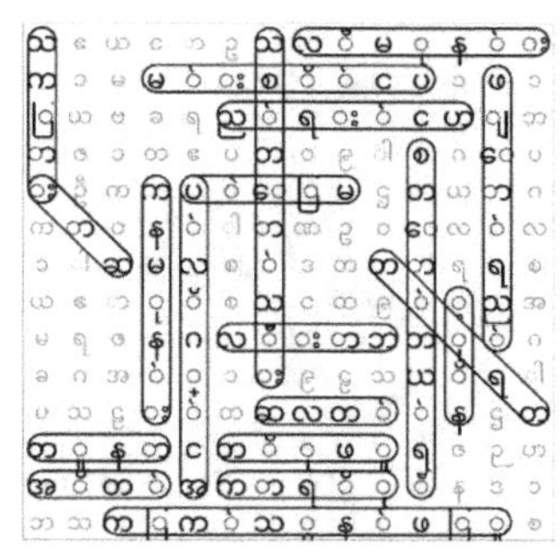

3 - Measurements

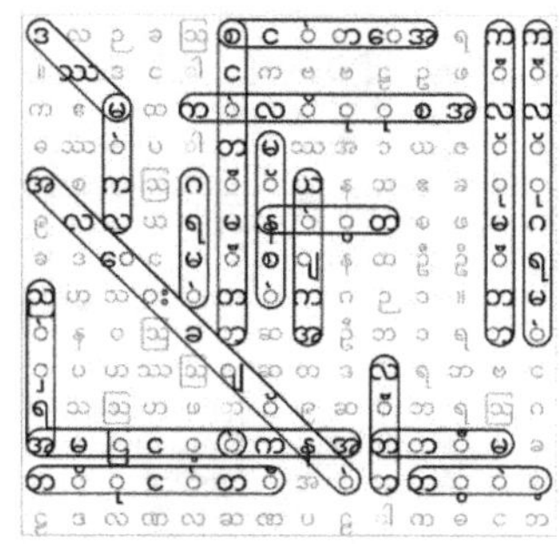

4 - Farm #2

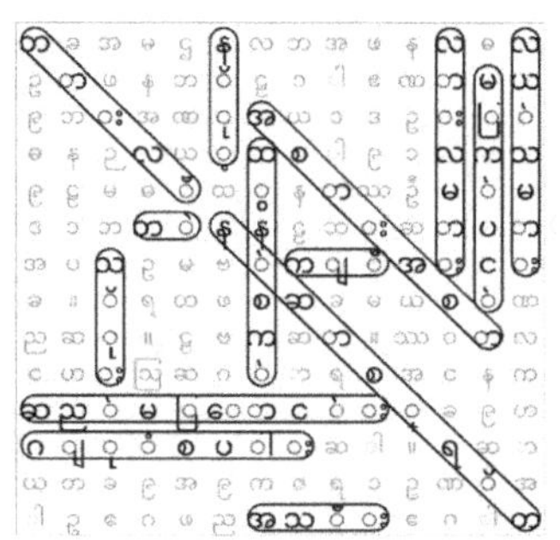

5 - Books

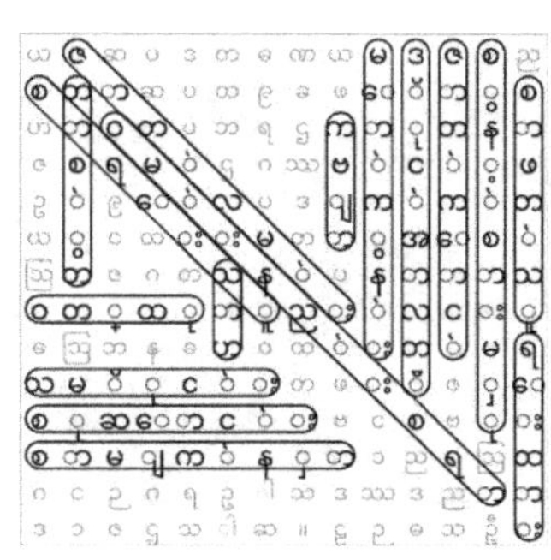

6 - Meditation

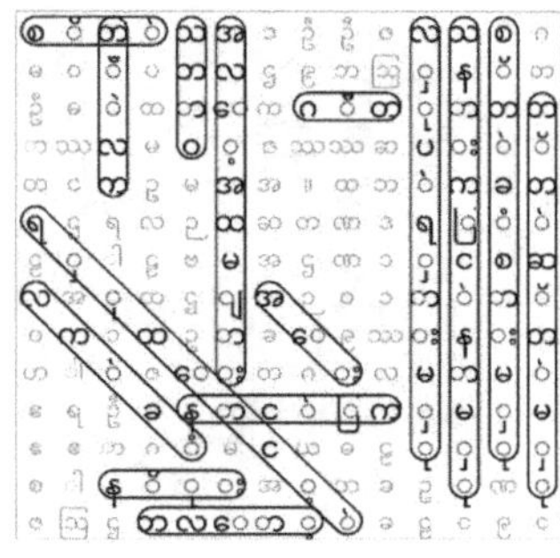

7 - Days and Months

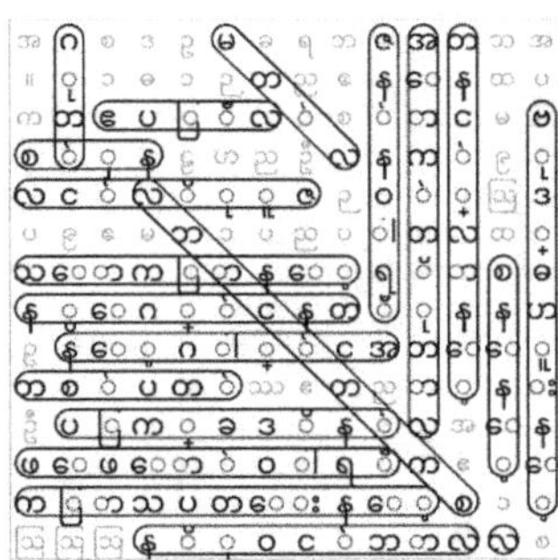

8 - Energy

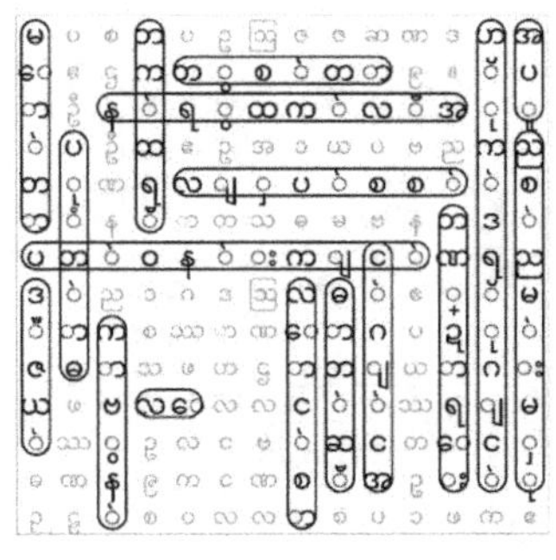

9 - Chess

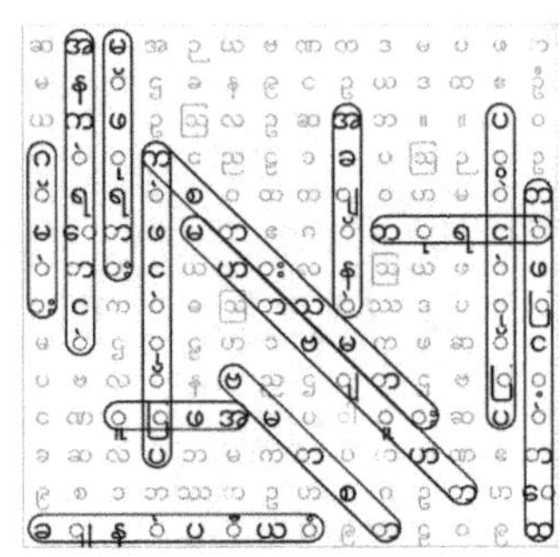

10 - Archeology

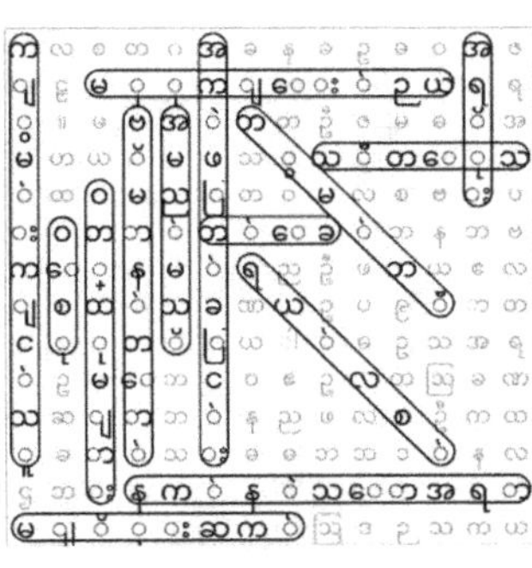

11 - Food #2

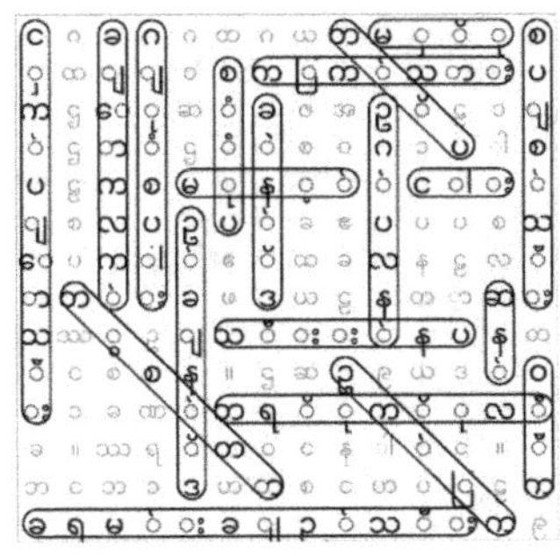

12 - Chemistry

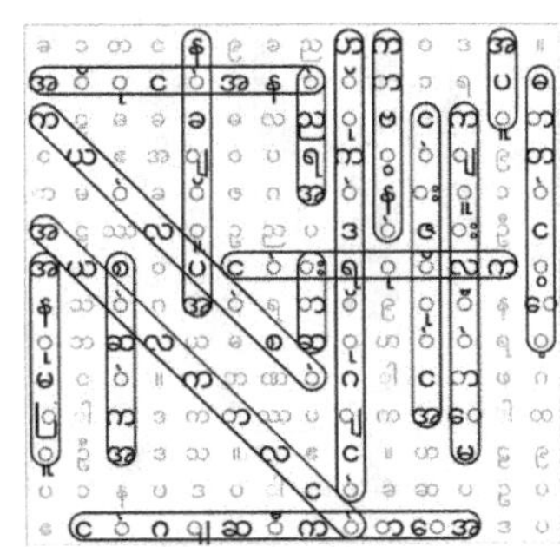

13 - Music

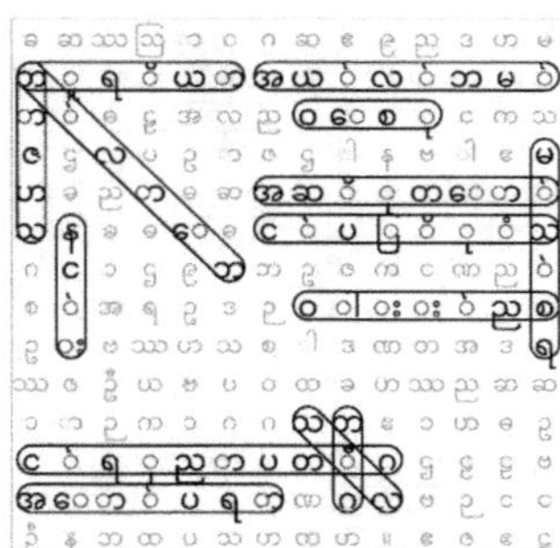

14 - Family

15 - Farm #1

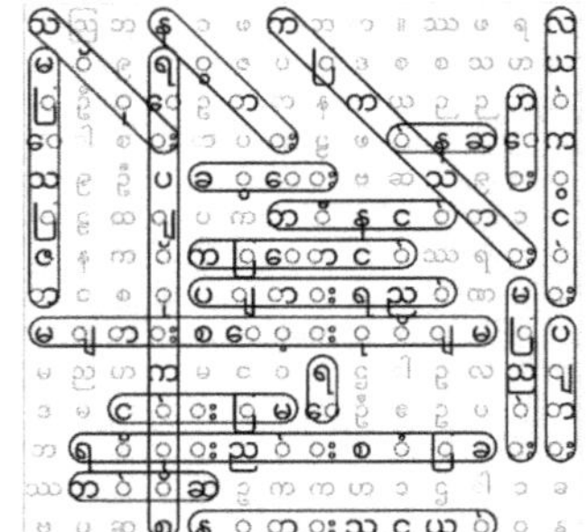

16 - Camping

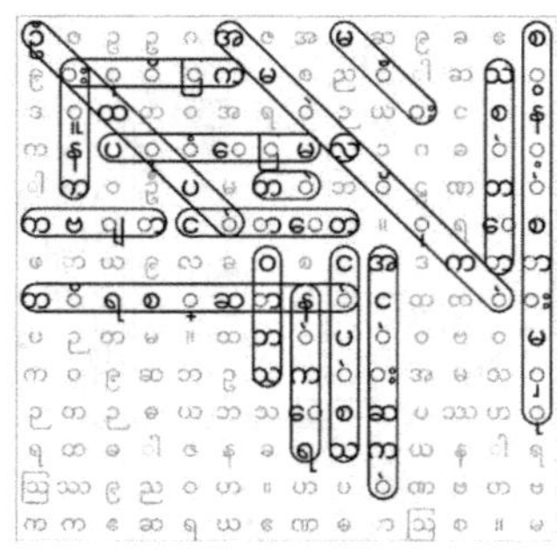

17 - Algebra

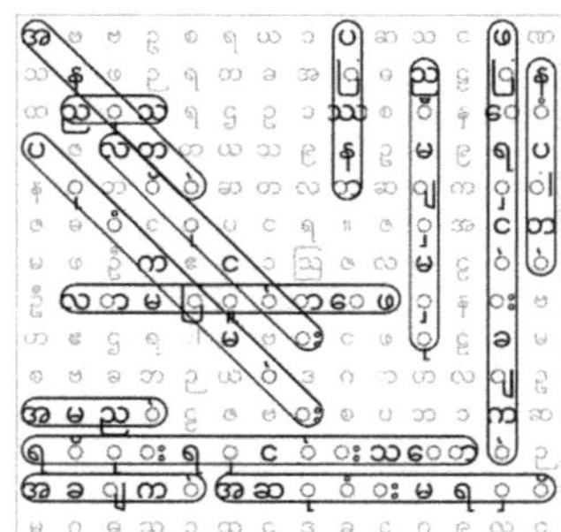

18 - Numbers

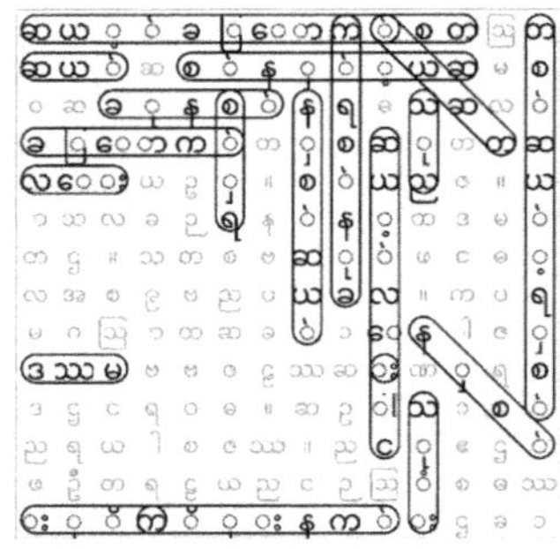

19 - Spices

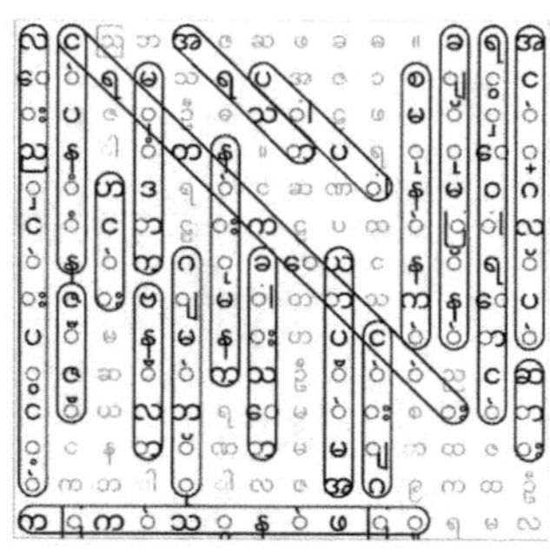

20 - Universe

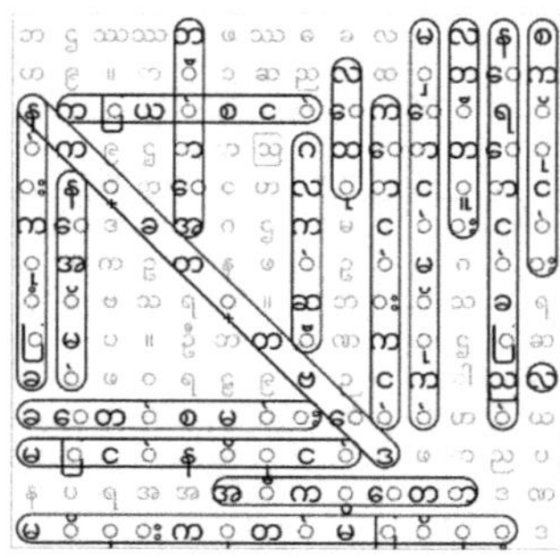

21 - Mammals

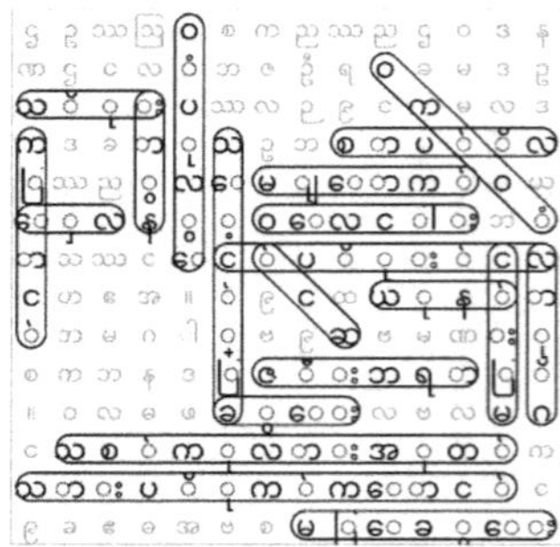

22 - Fishing

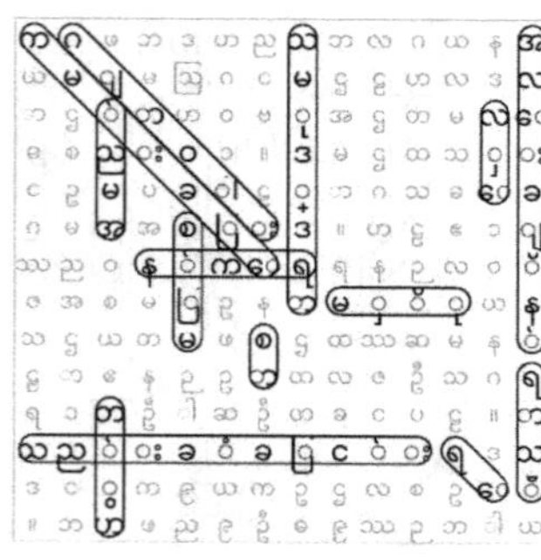

23 - Restaurant #1

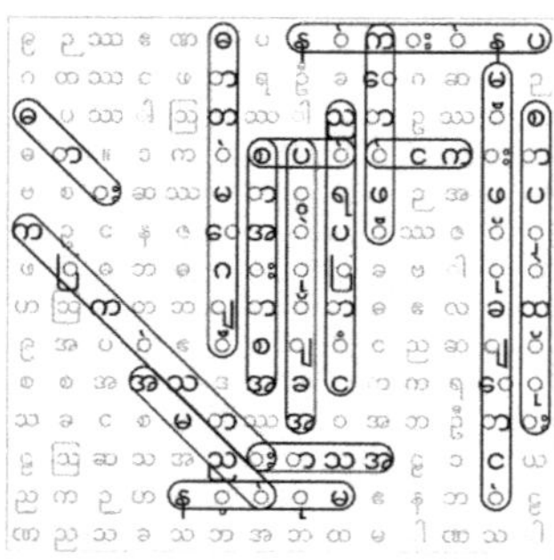

24 - Bees

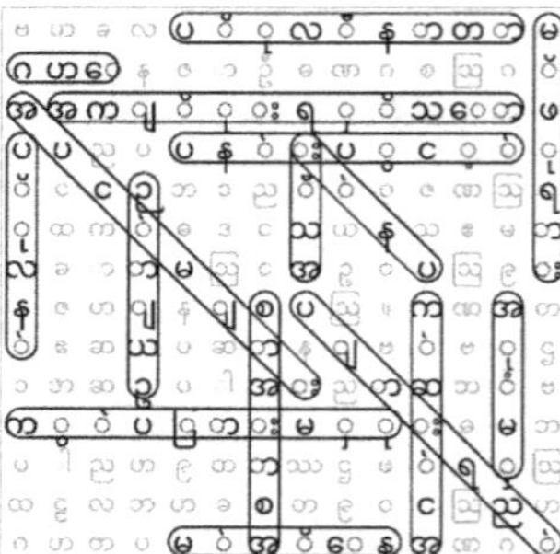

25 - Photography

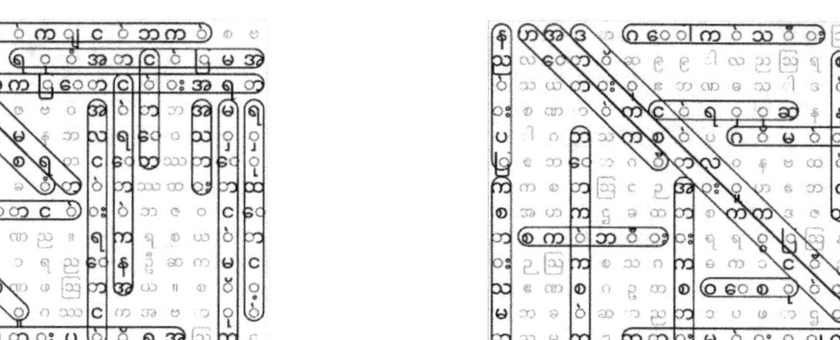

26 - Sports

27 - Weather

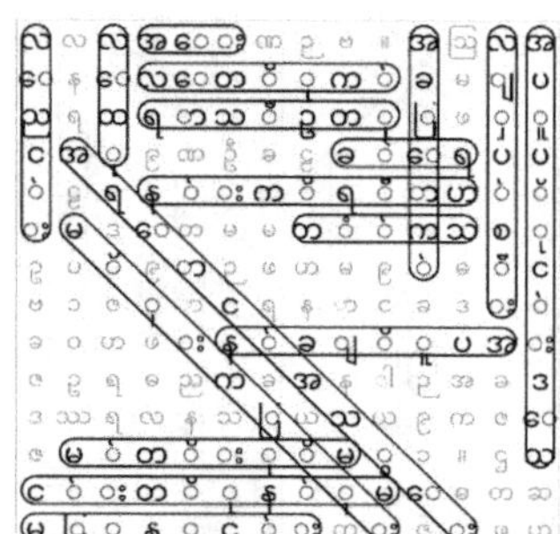

28 - Circus

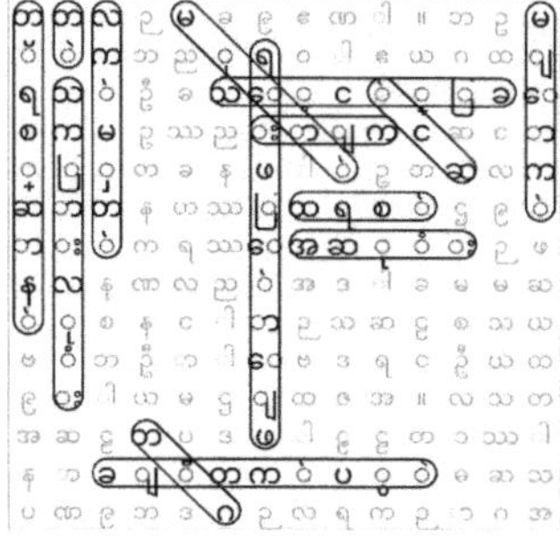

29 - Tools

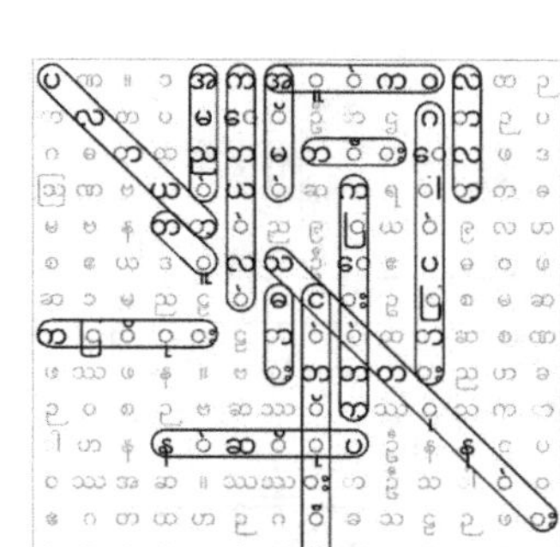

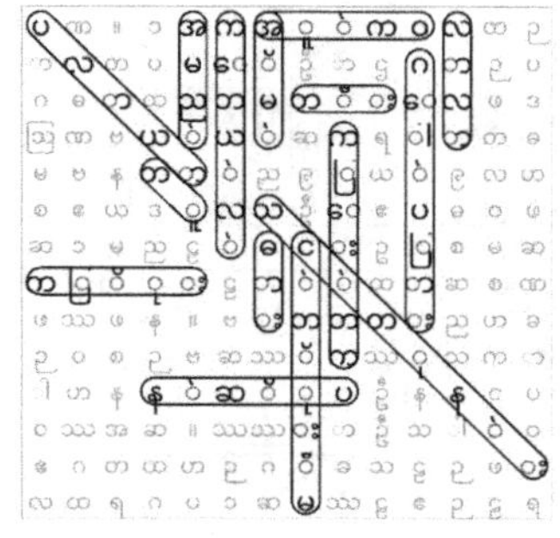

30 - Restaurant #2

31 - Geology

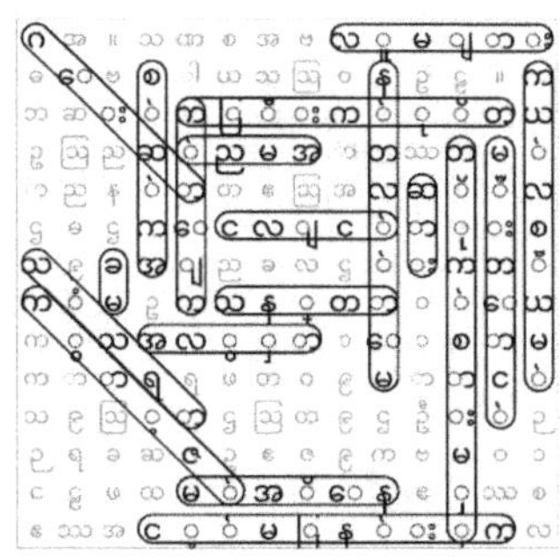

32 - House

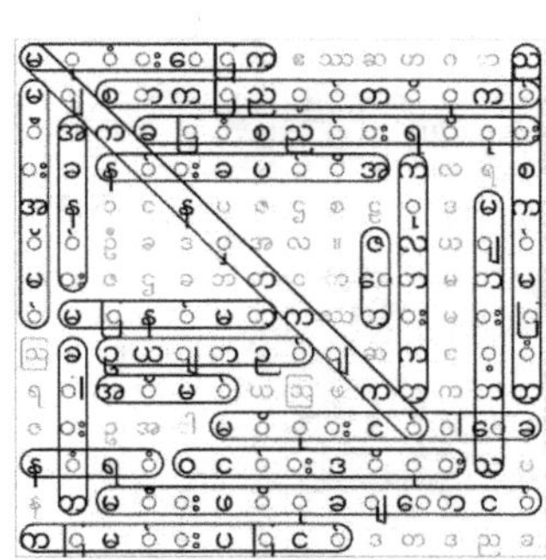

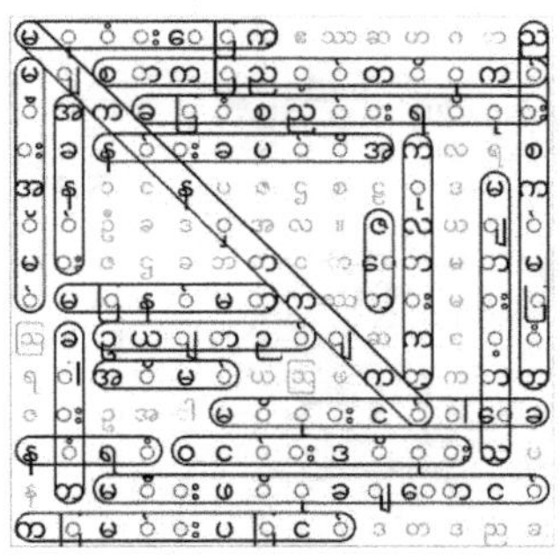

33 - Physics

34 - Bathroom

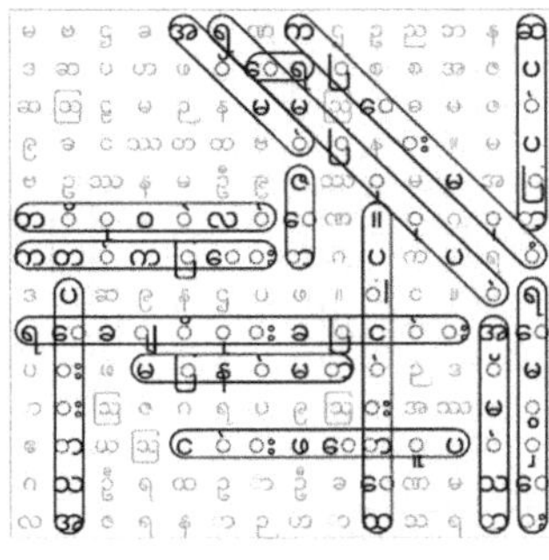

35 - Dance

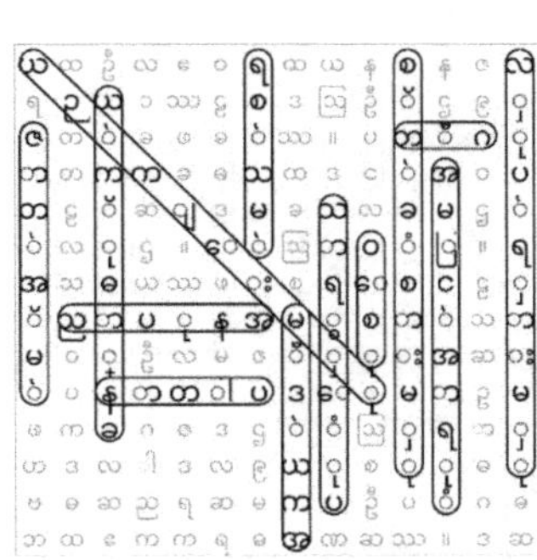

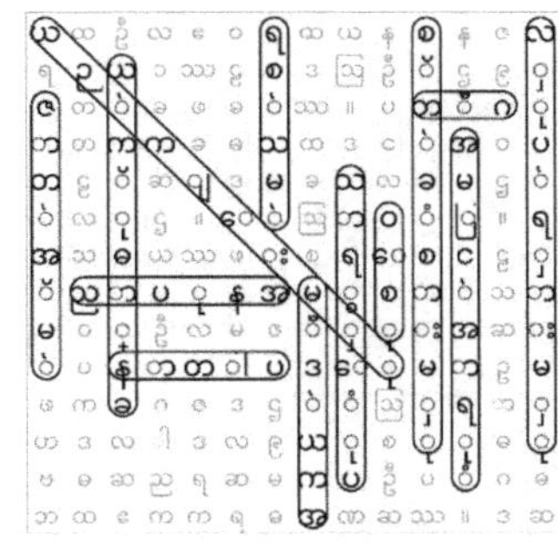

36 - Coffee

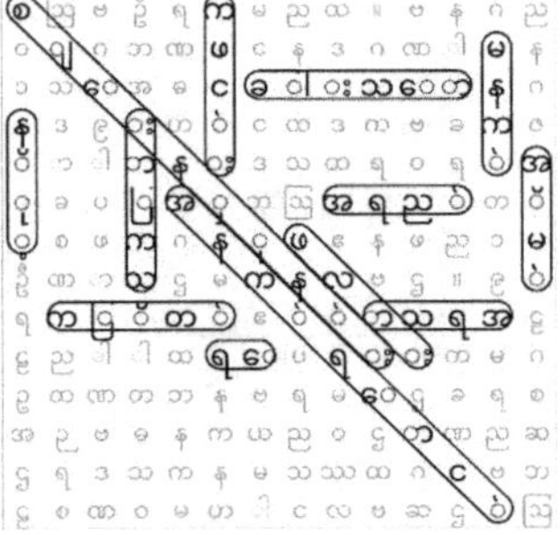

37 - Colors

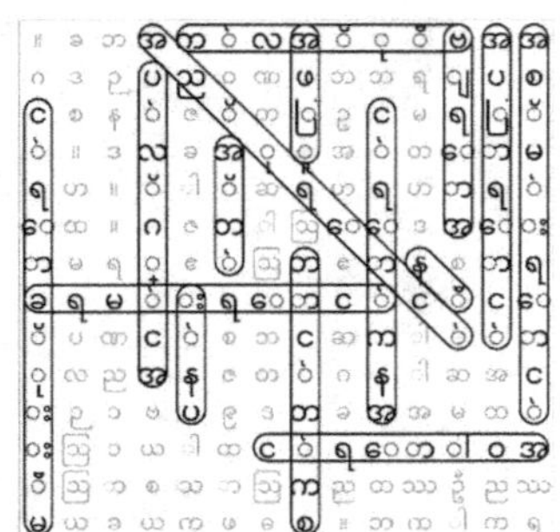

38 - Climbing

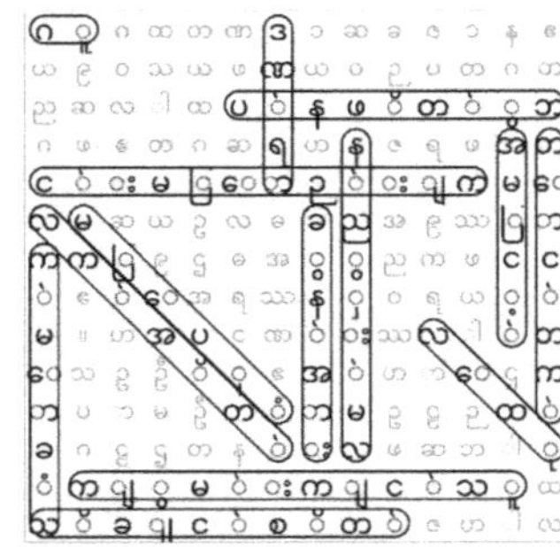

39 - Shapes

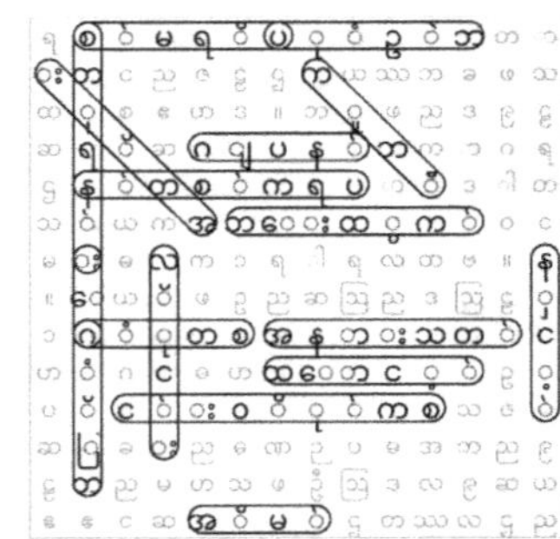

40 - Scientific Disciplines

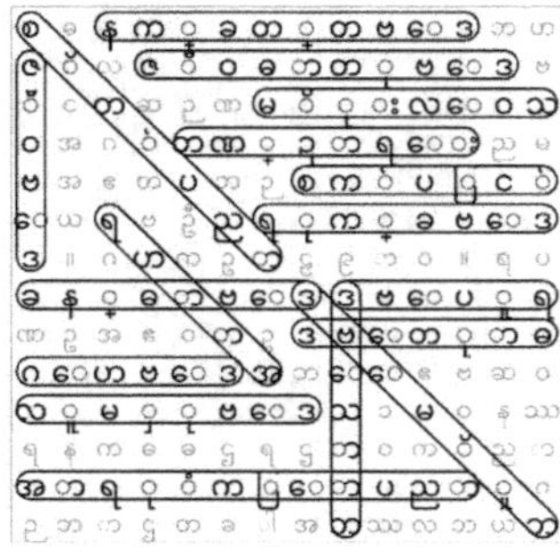

41 - Science

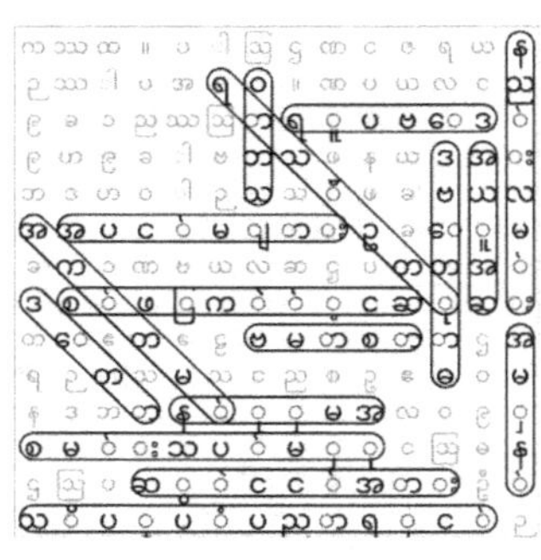

42 - Clothes

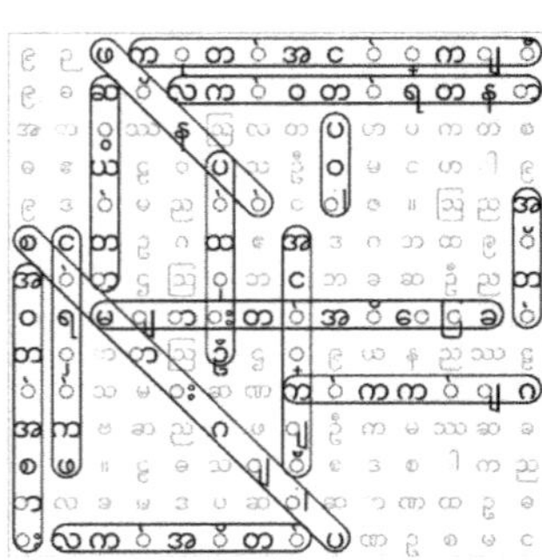

43 - Insects

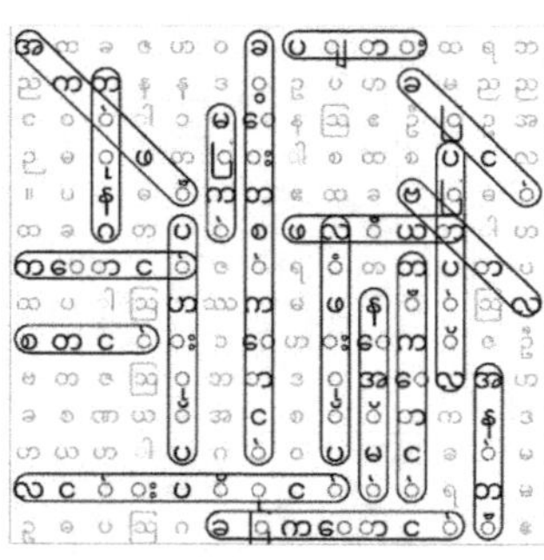

44 - Astronomy

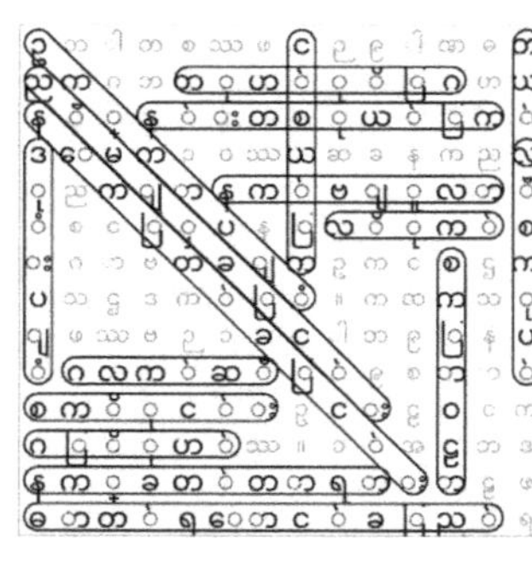

45 - Health and Wellness #2

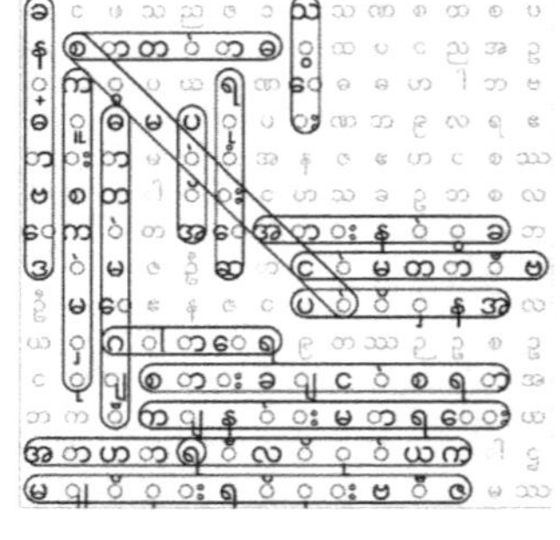

46 - Time

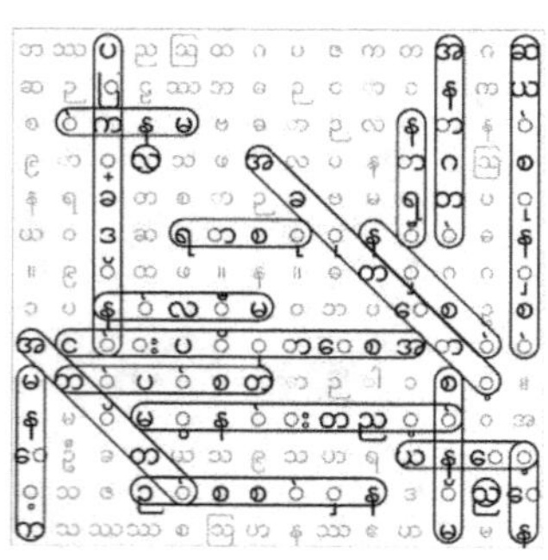

47 - Buildings

48 - Philanthropy

49 - Herbalism

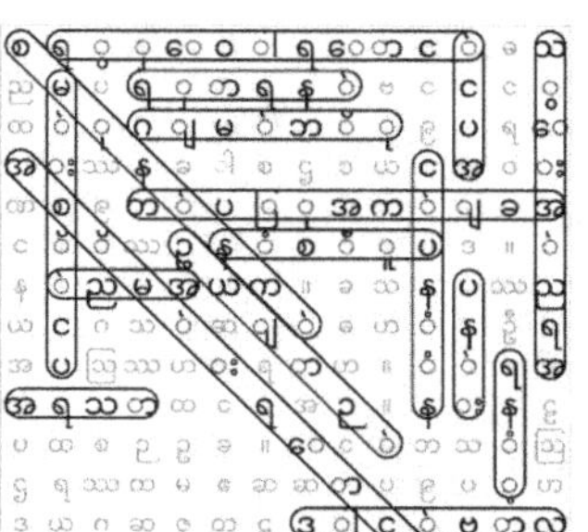

50 - Vehicles

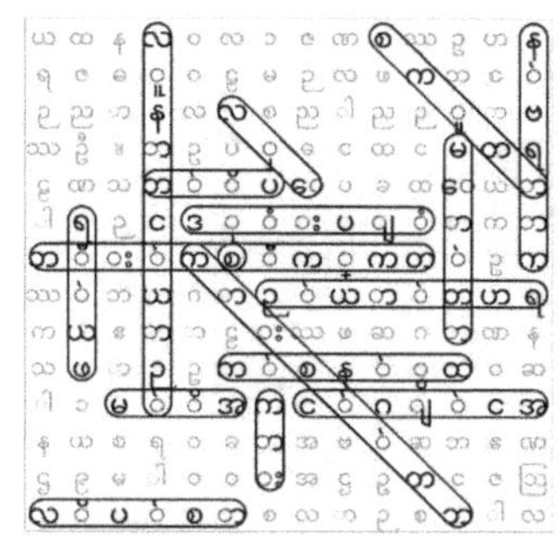

51 - Flowers

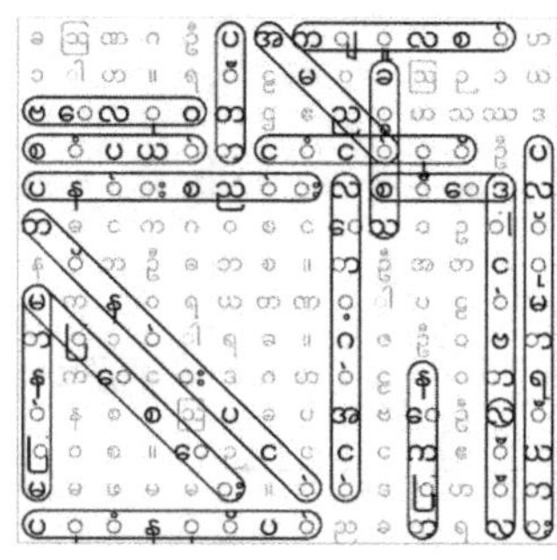

52 - Health and Wellness #1

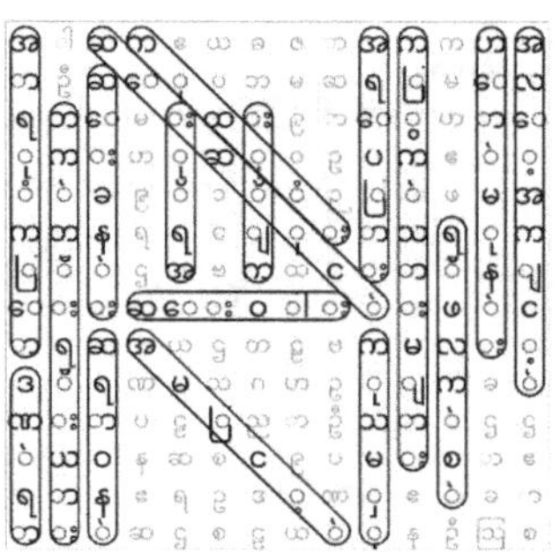

53 - Town

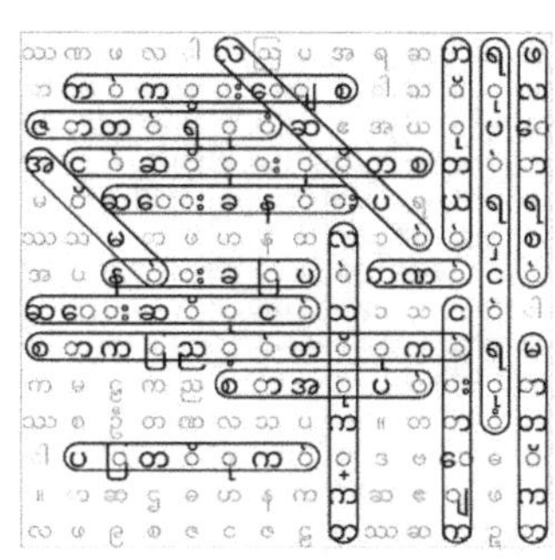

54 - Antarctica

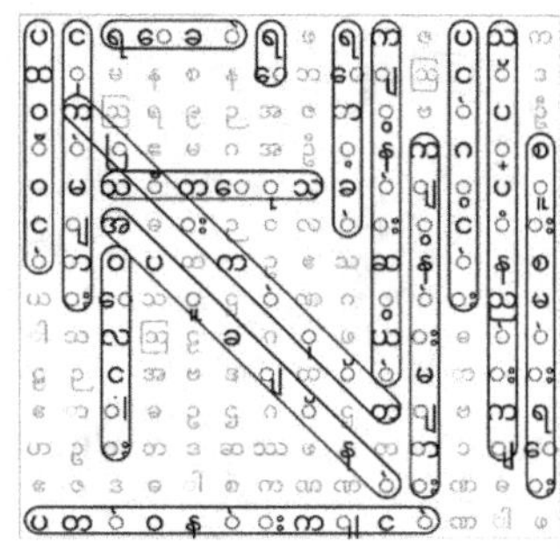

55 - Ballet

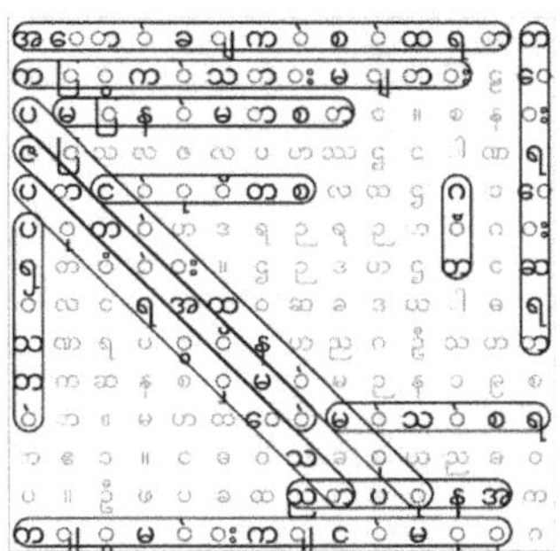

56 - Human Body

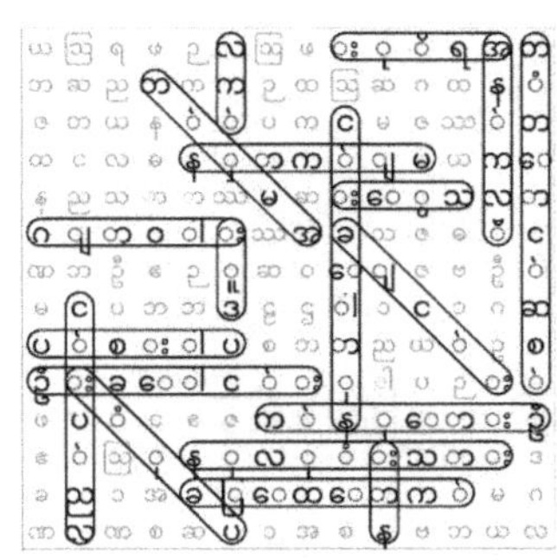

57 - Musical Instruments

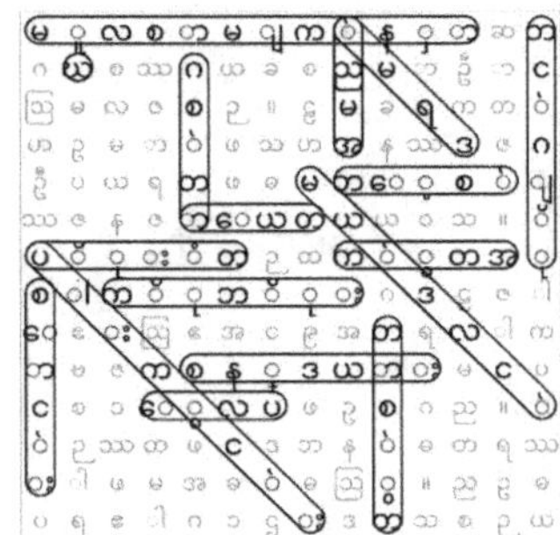

58 - Fruit

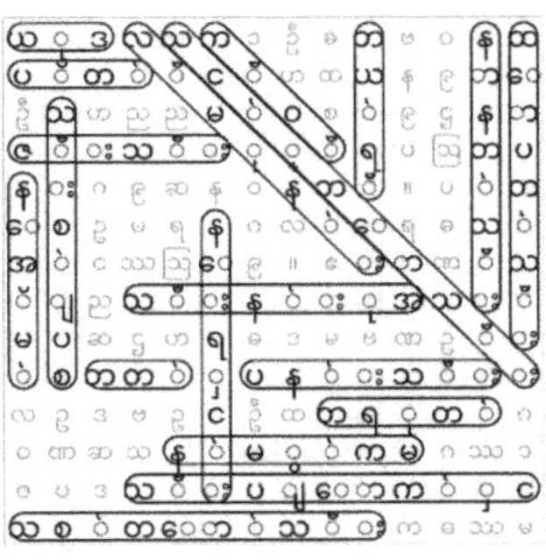

59 - Engineering

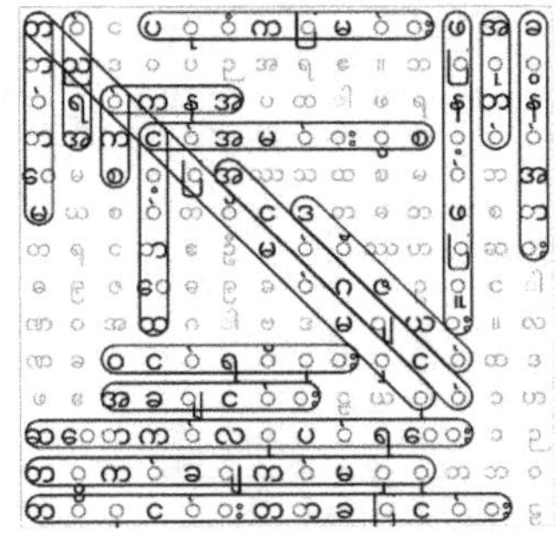

60 - Government

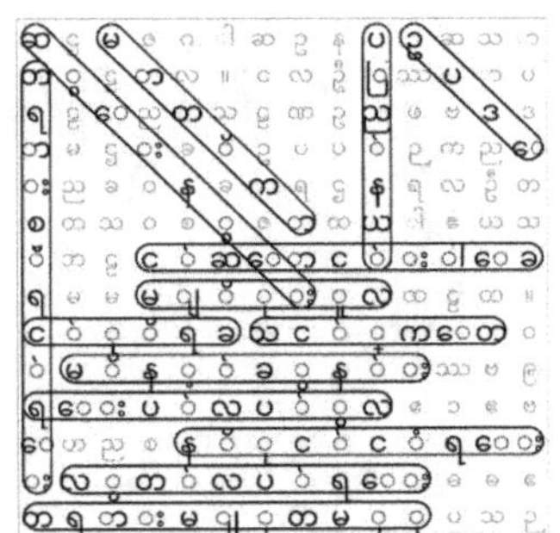

61 - Art Supplies

62 - Science Fiction

63 - Geometry

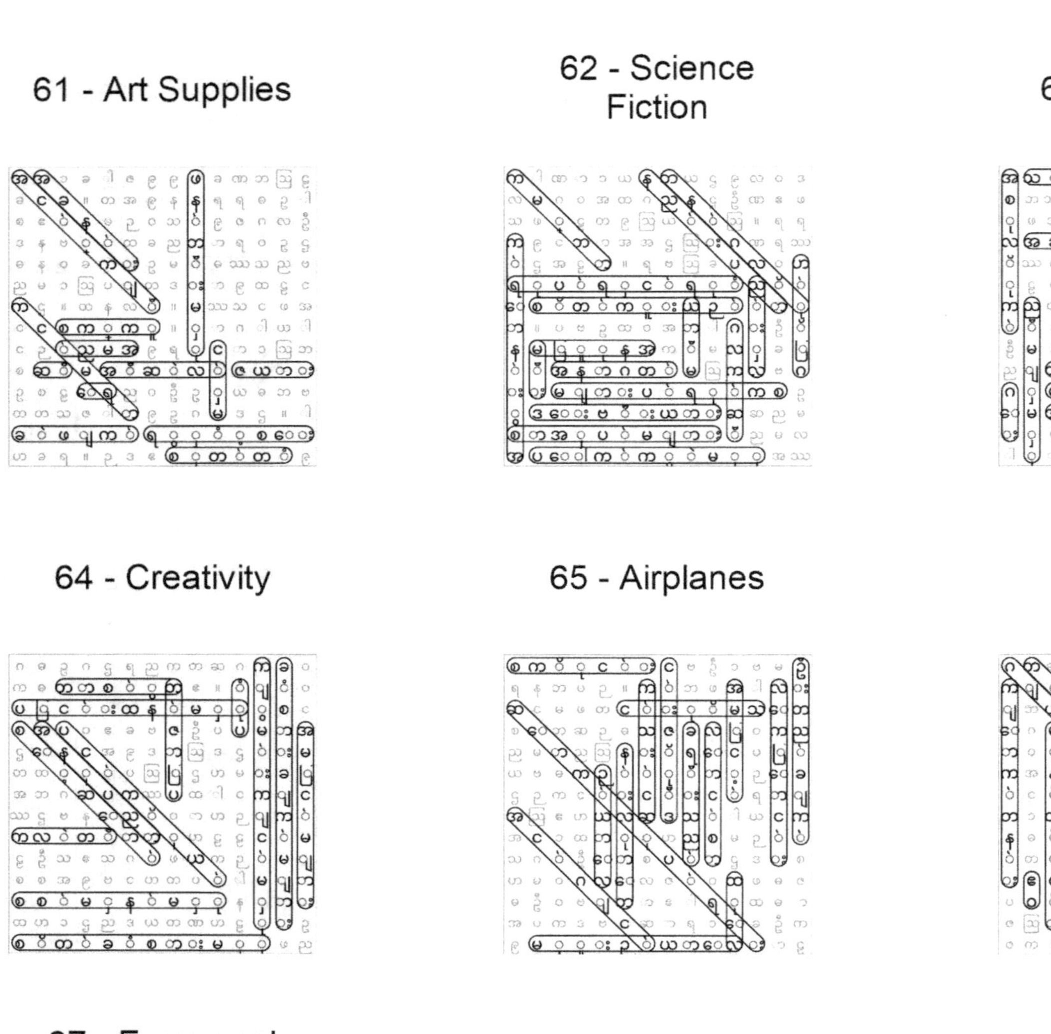

64 - Creativity

65 - Airplanes

66 - Ocean

67 - Force and Gravity

68 - Birds

69 - Nutrition

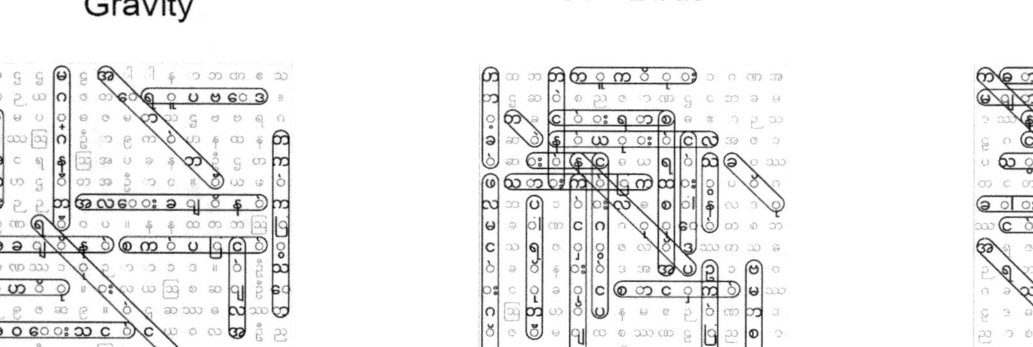

70 - Hiking

71 - Professions #1

72 - Barbecues

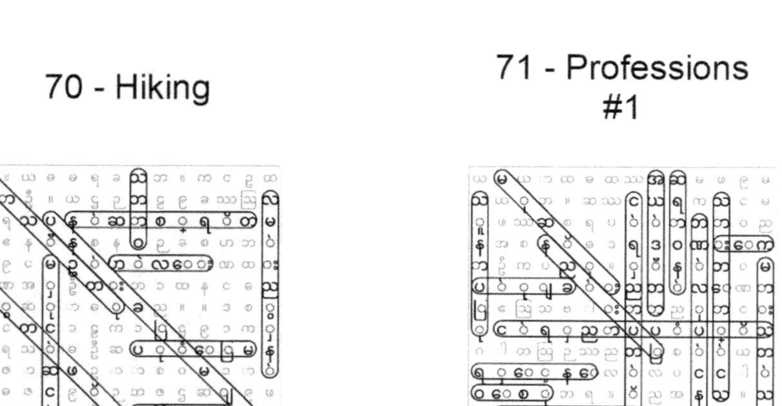

73 - Chocolate

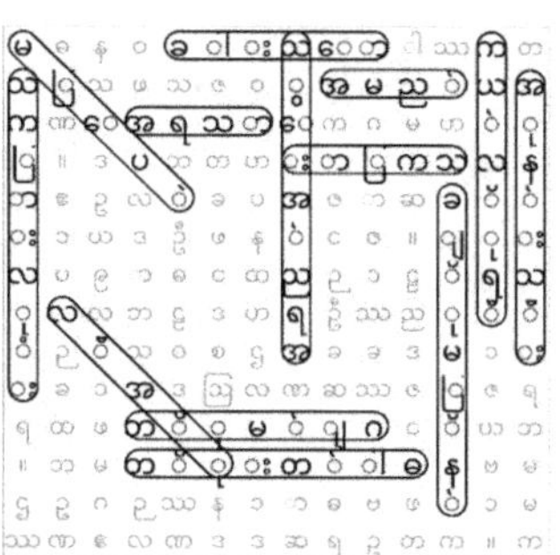

74 - Vegetables

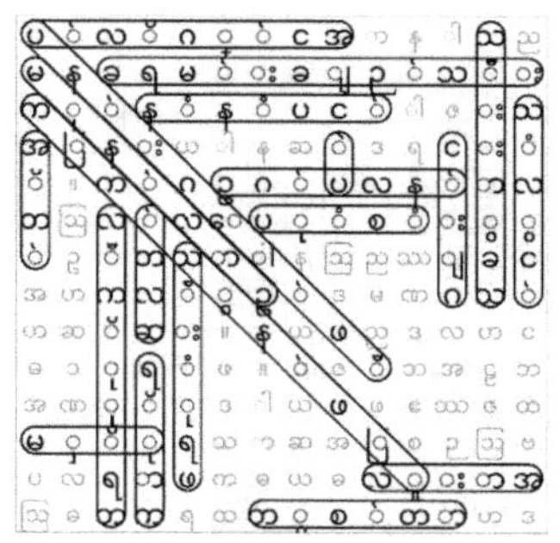

75 - Boats

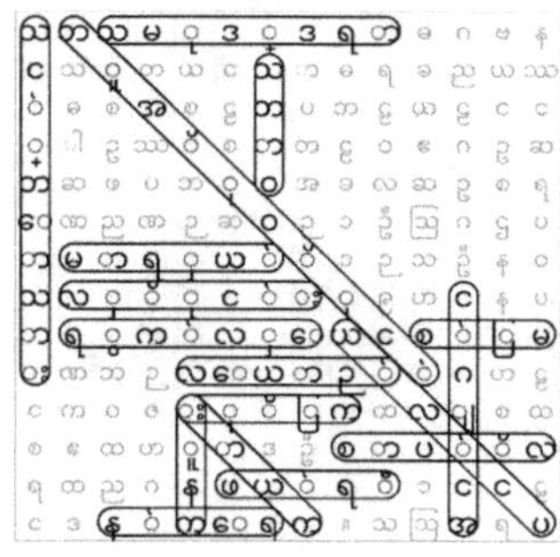

76 - Activities and Leisure

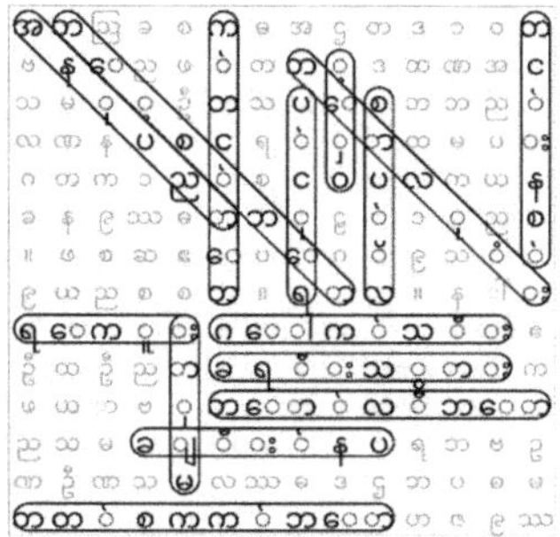

77 - Driving

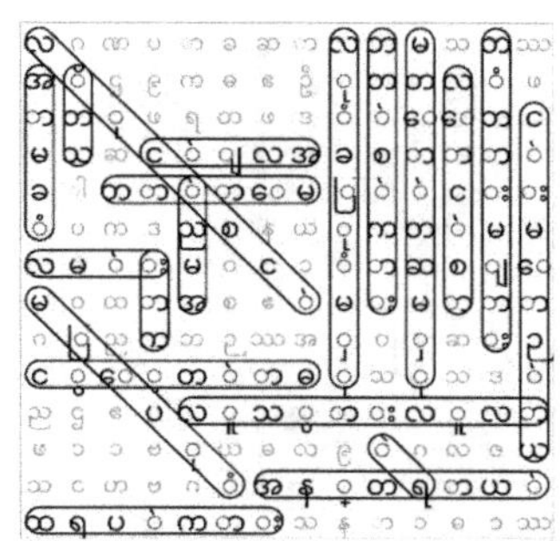

78 - Professions #2

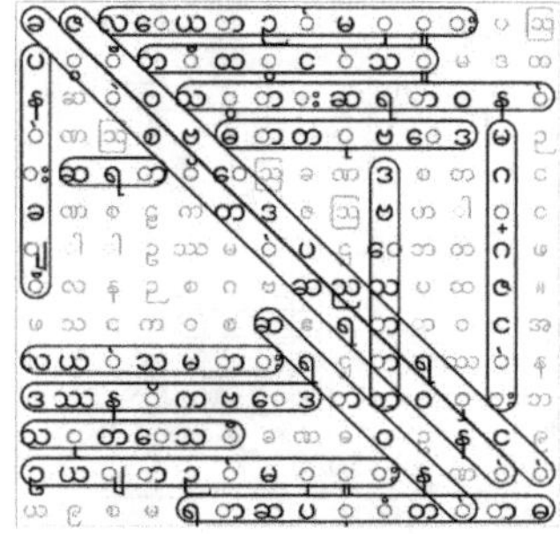

79 - Mythology

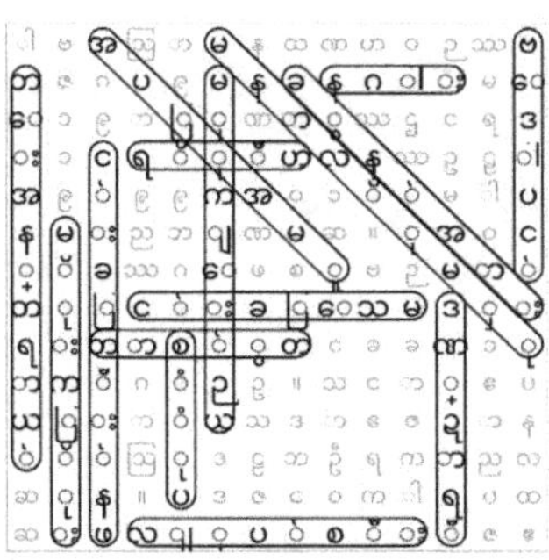

80 - Diplomacy

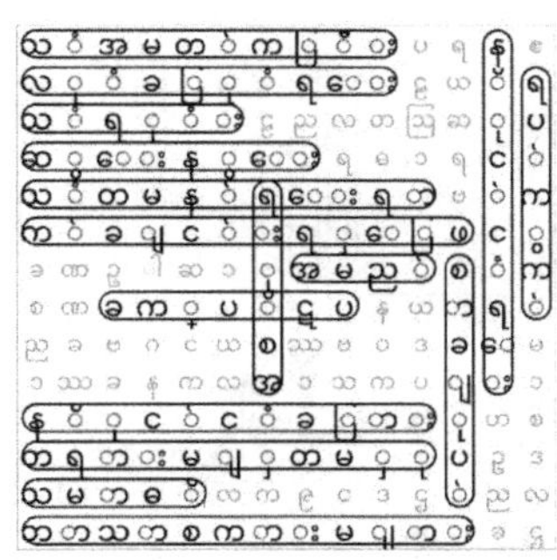

81 - Beach

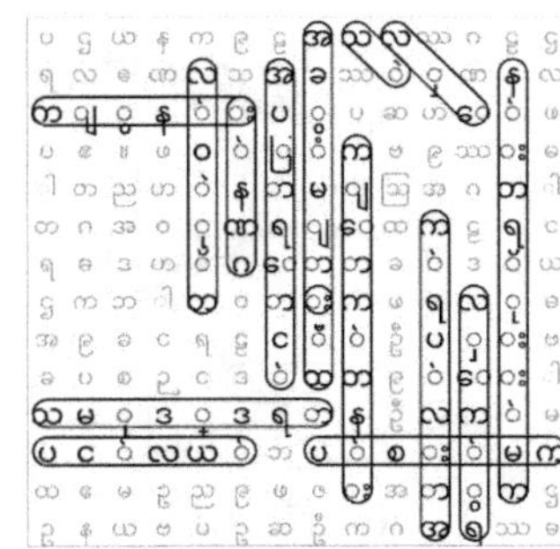

82 - Countries #1

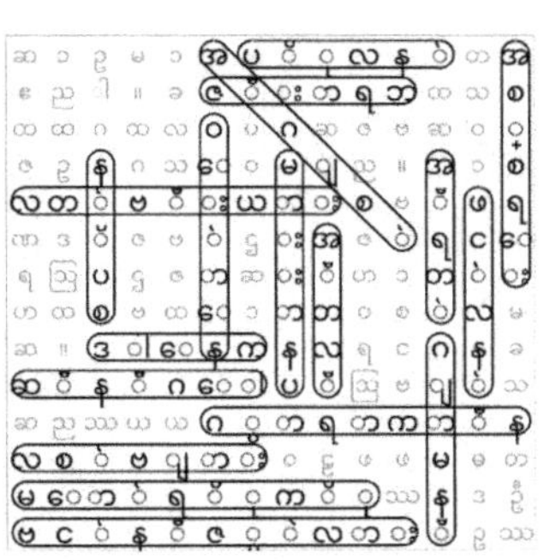

83 - Adjectives #1

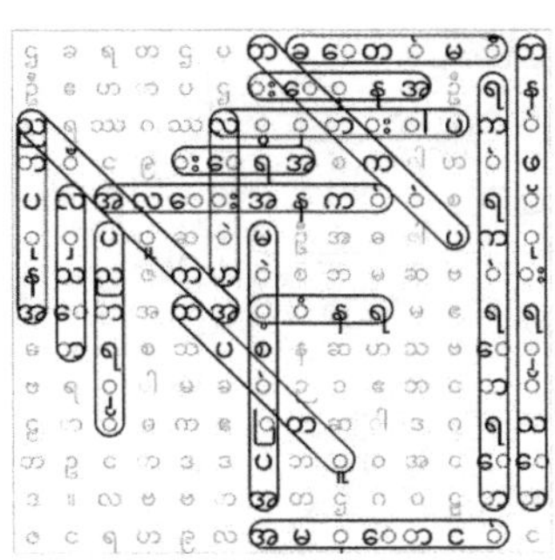

84 - Rainforest

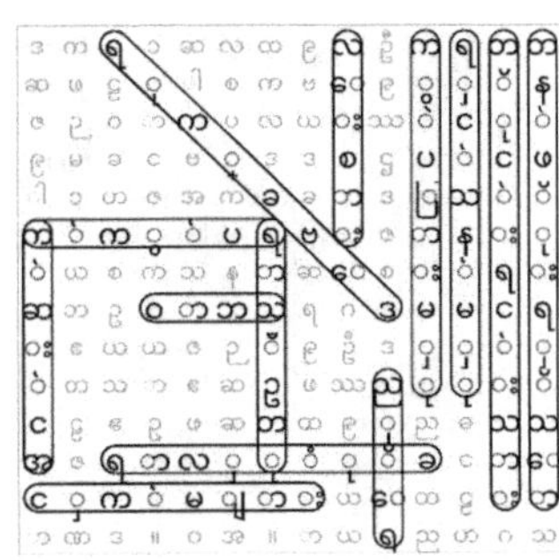

85 - Technology

86 - Landscapes

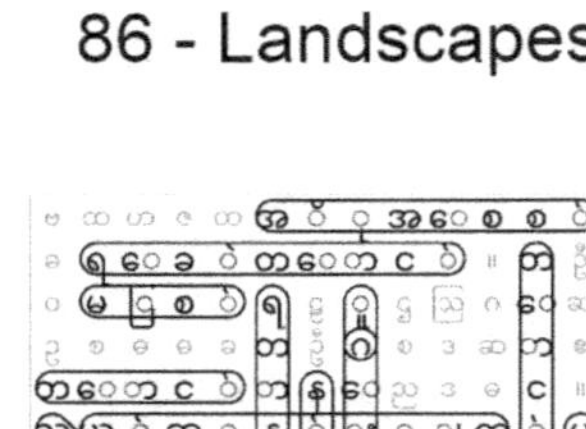

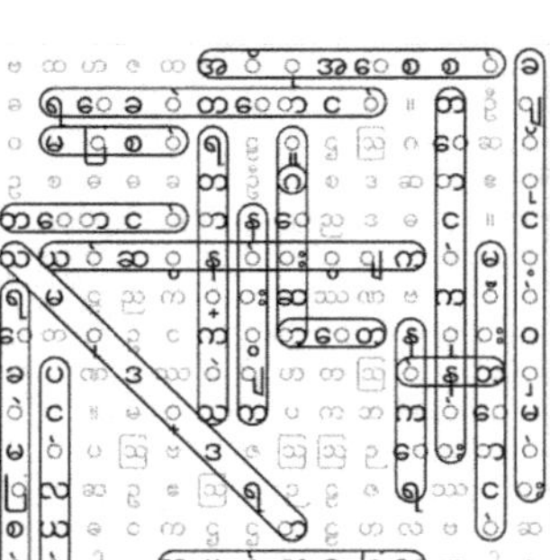

87 - Visual Arts

88 - Plants

89 - Boxing

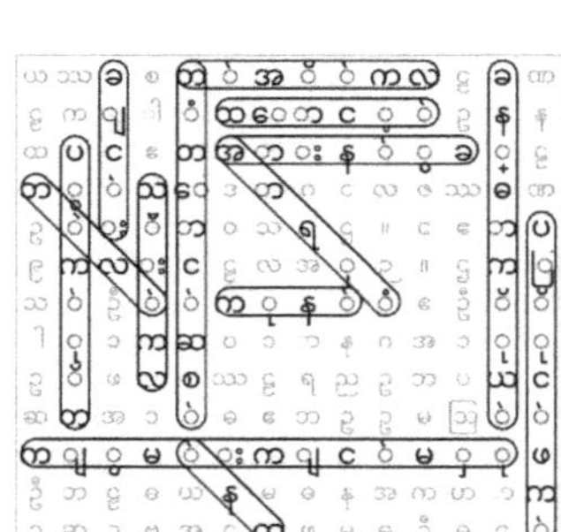

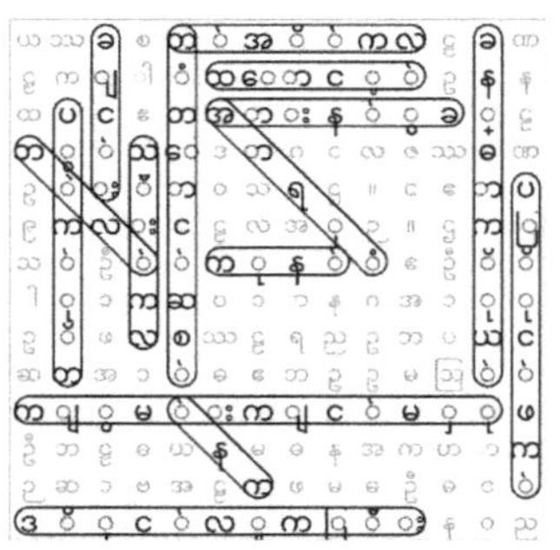

90 - Countries #2

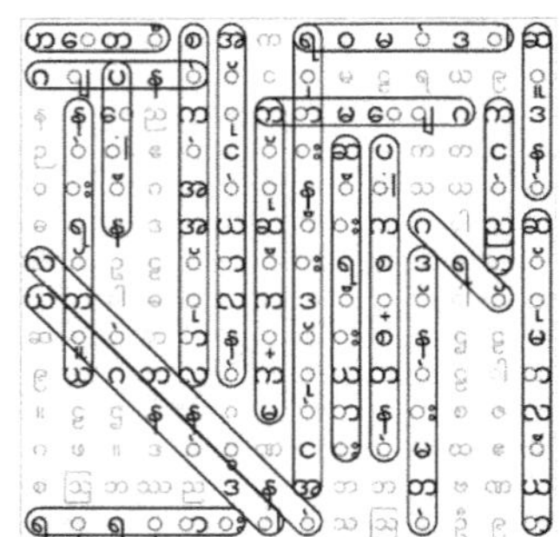

91 - Adjectives #2

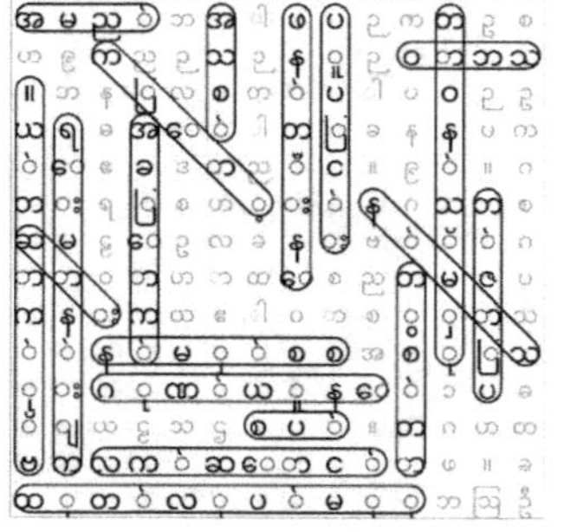

92 - Water

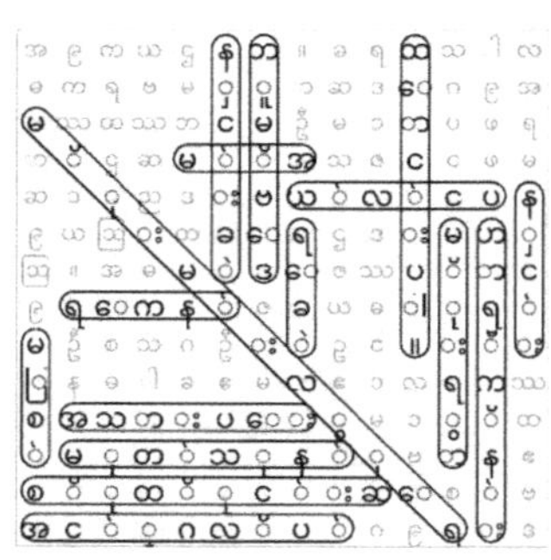

93 - Business

94 - Literature

95 - Geography

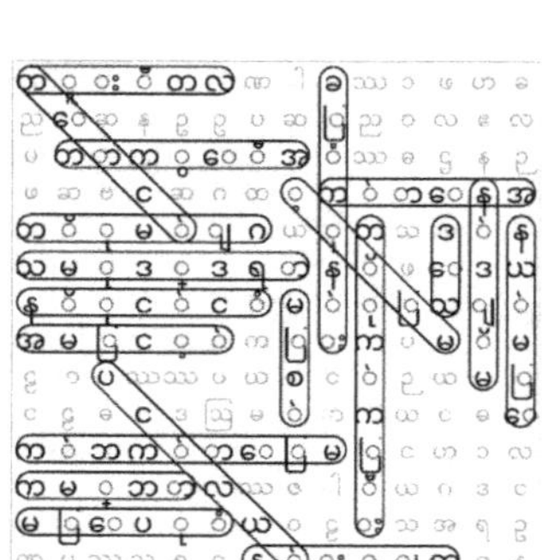

96 - Pets

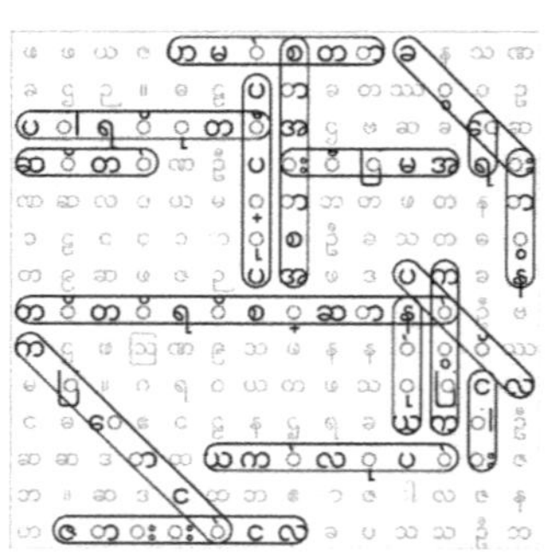

97 - Jazz

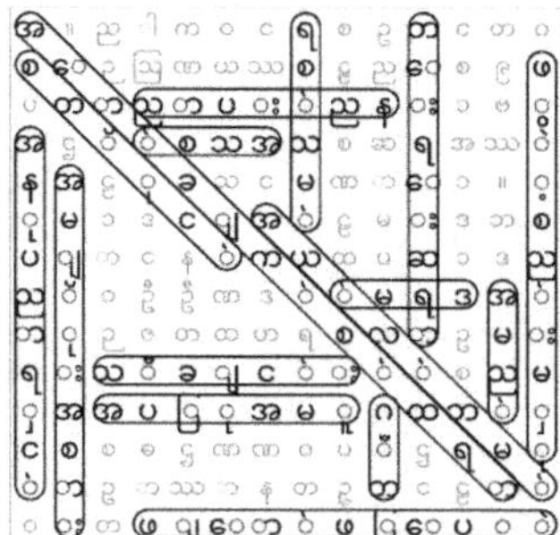

98 - Nature

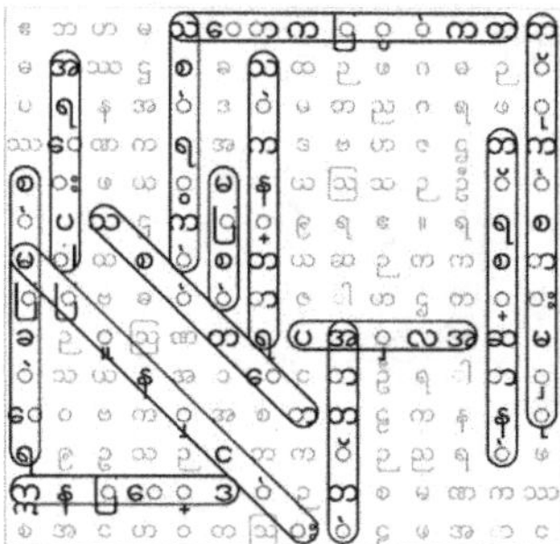

99 - Vacation #2

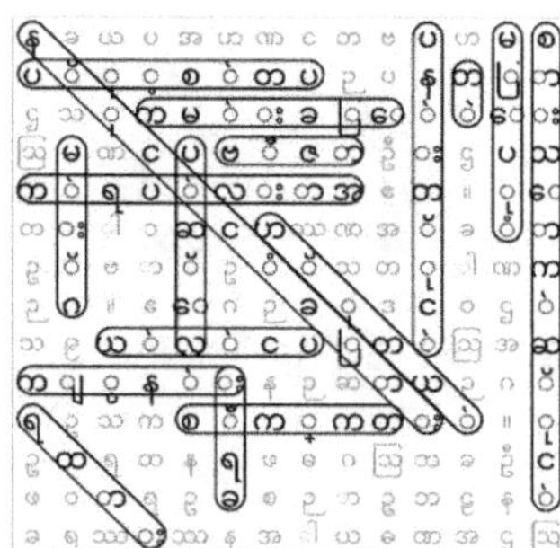

100 - Electricity

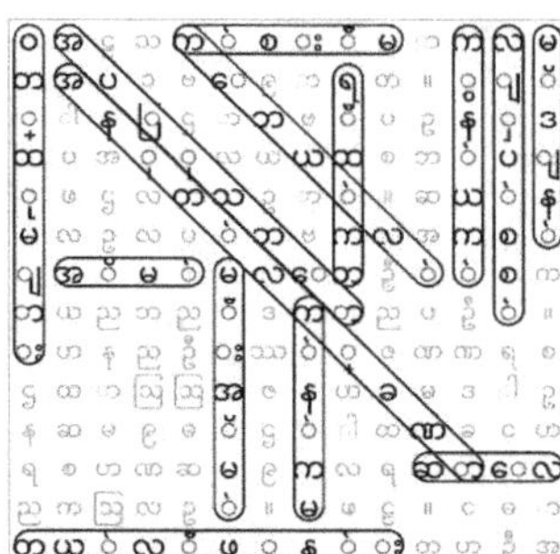

Dictionary

Activities and Leisure

မော့တော့ကားနှင့်ဆိုင့်သော

Art	အနုပညာ
Baseball	ဘေ့စ်ဘော
Basketball	ဘတ်စကက်ဘော
Boxing	ဗုံ
Diving	ရငုပ်
Fishing	မျှား
Gardening	လိပ်စာ
Golf	ဂေါက်သီး
Hiking	တောင်တက်
Painting	ပန်းချီ
Soccer	ဘောလုံး
Swimming	ရကူး
Tennis	တင်းနစ်
Travel	ခရီးသွား
Volleyball	ဘော်လီဘော

Adjectives #1

နာမဝိသသေန နံပါတ် ၁

Absolute	အကြွင်းမဲ့
Aromatic	ရနံ့
Artistic	အနုပညာ
Attractive	ဆွဲဆောင်မှု
Beautiful	လှသော
Bright	တောက်ပ
Dark	အမှောင်
Generous	ရက်ရက်ရောရော
Heavy	ဟဲလေး
Helpful	အကူအညီ
Huge	ကြီးမြားသော
Identical	ထပ်တူ
Important	အရေး
Innocent	အပြစ်မဲ့
Modern	ခေတ်မီ
Serious	အလေးအနက်
Slow	အနှေး
Thin	ပါးလွှာ
Valuable	တန်ဖိုးရှိသော
Wise	ပညာရှိ

Adjectives #2

နာမဝိသသေန#2

Authentic	စစ်မှန်
Creative	ဖန်တီးနေ
Dramatic	ပြဇာတ်
Dry	အခြောက်
Elegant	ကခြေ့
Famous	အမည်
Gifted	လက်ဆောင်
Healthy	ကျန်းမာရေး
Hot	ပူပြင်း
Hungry	ဗိုက်ဆာတယ်။
Interesting	တွစ်တာ
Natural	သဘာဝ
New	အသစ်
Normal	သာမန်
Productive	ထုတ်လုပ်မှု
Proud	ဂုဏ်ယူနေ
Responsible	တာဝန်သိမှု
Salty	ဆား
Spicy	စပ်
Wild	တောရိုင်း

Airplanes

နိုင်ငံများ

Adventure	စွန့်စားမှု
Air	လေကြောင်း
Atmosphere	လေထု
Balloon	ဘောလုန်း
Construction	ဆောက်လုပ်ရေး
Crew	လေယာဉ်
Descent	ဆင်းသက်
Design	ဒီဇိုင်း
Direction	ဦးတည်ချက်
Engine	အင်ဂျင်
Fuel	လောင်စာ
Height	အမြွ
History	သမိုင်း
Hydrogen	ဟိုက်ဒရိုဂျင်
Passenger	ခရီးသည်
Pilot	လေယာဉ်မှူး
Sky	စကိုင်း

Algebra

အက္ခရာသင်္ချာ

Diagram	ပုံကြမ်း
Equation	ညီမျှမှု
Factor	အချက်
Formula	ဖော်မြူလာ
Infinite	အဆုံးမရှိ
Linear	လိုင်း
Matrix	အမည်
Number	နံပါတ်
Problem	ပြဿနာ
Simplify	ရိုးရှင်းသော
Solution	ဖြေရှင်းချက်
Subtraction	အနုတ်
Zero	သုည

Antarctica

အန္တာတိက

Birds	ငှက်များ
Continent	တိုက်ကြီး
Environment	ပတ်ဝန်းကျင်
Expedition	စူးစမ်းရေး
Geography	ပထဝီဝင်
Ice	ရေခဲ
Islands	ကျွန်းများ
Penguins	ပင်ဂွင်း
Peninsula	ကျွန်းဆွယ်
Researcher	သုတေသီ
Rocky	ရော့ခ်
Scientific	သိပ္ပံနည်းကျ
Temperature	အပူချိန်
Water	ရေ
Whales	ဝေလငါး

Antiques

ရှေးဟောင်းပစ္စည်း

Art	အနုပညာ
Auction	လေလံ
Authentic	စစ်မှန်
Century	ရာစု
Coins	ဒင်္ဂါးပြား
Condition	အခြေအနေ
Decades	ဆယ်စုနှစ်
Decorative	အလှဆင်
Elegant	ကြော့
Gallery	ပြခန်း
Jewelry	လက်ဝတ်ရတနာ
Price	ဈေးနှုန်း
Quality	အရည်အသွေး
Sculpture	ပန်းပု
Style	စတိုင်

Archeology

ရှေးဟောင်းသုတေသနပညာ

Analysis	ဆန်းစစ်ခြင်း
Bones	အရိုး
Civilization	ယဉ်ကျေးမှု
Descendant	မျိုးဆက်
Era	ခေတ်
Evaluation	အကဲဖြတ်ခြင်း
Expert	ကျွမ်းကျင်သူ
Fragments	အပိုင်းအစများ
Mystery	နက်နဲသောအရာ
Objects	ဝတ္ထုများ
Relic	ရယ်လစ်
Researcher	သုတေသီ
Team	ဝေစု
Temple	ဗိမာန်တော်
Tomb	တွမ်ဘီ
Unknown	အမည်မသိ

Art Supplies

အနုပညာအထောက်အပံ့များ

Acrylic	အင်္ကျီ
Brushes	စုတ်တံ
Camera	ကင်မရာ
Chair	အခန်း
Clay	ရွှံ့စေး
Creativity	ဖန်တီးမှု
Easel	အီဆဲလ်
Eraser	ခဲဖျက်
Glue	အမည်
Ink	မှင်
Oil	ဆီ
Paper	စက္ကူ
Table	ဇယား
Water	ရေ

Astronomy

နက္ခတ္တဗေဒ

Asteroid ကြယ်စင်
Astronaut အာကာသယာဉ်မှူး
Constellation ကြယ်စုတန်း
Eclipse နေကြော်ခြင်း
Equinox ညီမျှခြင်း
Galaxy ဂလက်ဆီ
Meteor ဥက္ကာပျံ
Moon လ
Nebula နက်ဗျူလာ
Observatory နက္ခတ်တာရာ
Planet ဂြိုဟ်
Radiation ဓာတ်ရောင်ခြည်
Rocket ဒုံးပျံ
Satellite ဂြိုဟ်တု
Sky စကိုင်း
Solar နေရောင်ခြည်
Supernova လိုက်
Telescope တယ်လီစကုပ်
Universe စကြဝဠာ
Zodiac ရာသီခွင်

Ballet

ဘဲလေး

Artistic အနုပညာ
Audience ပရိသတ်
Choreography ဇာတ်အိမ်
Composer တေးရေးဆရာ
Expressive ပုံရှုသော
Gesture မြန်မာစာ
Intensity ပြင်းထန်မှု
Lessons သင်ခန်းစာများ
Muscles ကြွက်သားများ
Music ဂီတ
Orchestra အော်ချက်စ်ထရာ
Rhythm ရစ်သမ်
Skill ကျွမ်းကျင်မှု
Style စတိုင်
Technique နည်းပညာ

Barbecues

ထိုအနှစ်

Chicken ကြက်သား
Children ကလေးများ
Dinner ညစာ
Family မိသားစု
Food အစားအစာ
Fruit အသီး
Grill အကင်
Hot ပူပြင်း
Knives ဓား
Lunch နေ့လည်စာ
Music ဂီတ
Onions ကြက်သွန်နီ
Pepper ငရုတ်ကောင်း
Salt ဆား
Sauce ငံပြာရည်
Summer နွေရာသီ
Vegetables အိမ်

Bathroom

ရေချိုးခန်း

Bath	ရေချိုးခြင်း
Bubbles	ပူဖောင်း
Faucet	မန္တြမာ
Lotion	အသားပေး
Mirror	ကြေးမုံ
Perfume	ရေမွှေး
Rug	ဇော
Scissors	ကတ်ကြေး
Shower	အိမ်
Soap	ဆပ်ပြာ
Sponge	ရေမြှုပ်
Steam	ထောင်းပါ။
Toilet	အိမ်သာ
Towel	တိုဝဲလ်
Water	ရေ

Beach

ကမ်းခြေ

Blue	အပြာရောင်
Boat	လှေ
Coast	ကမ်းရိုးတန်း
Crab	ဂဏန်း
Island	ကျွန်း
Lagoon	ကမ်းစပ်
Ocean	သမုဒ္ဒရာ
Reef	ကျောက်တန်း
Sailboat	ရွက်လှေ
Sand	သဲ
Sea	ပင်လယ်
Shells	အခွံများ
Towel	တိုဝဲလ်
Umbrella	ထီး
Vacation	အားလပ်ရက်

Bees

ပျားများ

Beneficial	အကျိုးရှိသော
Blossom	ပန်းပွင့်
Diversity	ကွဲပြားမှု
Ecosystem	ဂဟေ
Flowers	ပန်း
Food	အစားအစာ
Fruit	အသီး
Garden	ဥယျာဉ်
Hive	အုံမှ
Honey	ပျားရည်
Insect	အင်းဆက်
Plants	အပင်များ
Pollen	ပိုလန်
Pollinator	ပိုလီနာတာ
Queen	မိဖုရား
Wax	နေအိမ်

Birds

ငှက်များ

Chicken	ကြက်သား
Cuckoo	ကူကိုး
Dove	ချိုးငှက်
Duck	ဘဲ
Eagle	လင်းယုန်
Egg	ကြက်ဥ
Flamingo	ဖလမင်းဂို
Goose	ဘဲငန်း
Gull	စာရင်း
Hawk	ဟော့ခ်
Heron	သွန်
Ostrich	အိုစထရစ်
Parrot	ပါရိုတီ
Peacock	ဒေါင်း
Pelican	ပိုလန်
Penguin	ပင်ဂွင်း
Pigeon	ခို
Sparrow	စာငှက်
Swan	ငန်း
Toucan	ဗမာစာ

Boats

လှေများ

Anchor	ကျောက်ဆူး
Buoy	ဘူအိုဝိုင်
Canoe	ကနူး
Crew	လယောဉ်
Engine	အင်ဂျင်
Ferry	ဖယ်ရီ
Kayak	ကယား
Lake	ရကေန်
Mast	မာရှယ်
Nautical	သဘာဝ
Ocean	သမုဒ္ဒရာ
Raft	လိပ်စာ
River	မြစ်
Rope	ကြိုး
Sailor	သင်္ဘောသား
Sea	ပင်လယ်
Waves	လှိုင်း
Yacht	ရွက်လှေ

Books

စာအုပ်များ

Adventure	စွန့်စားမှု
Author	စာရေးသူ
Character	ဇာတ်ကောင်
Collection	စုဆောင်း
Duality	ဒိုင်အာလတီ
Epic	မော်ကွန်း
Historical	သမိုင်း
Humorous	ဟာသ
Inventive	တွစ်တာ
Novel	ဝတ္ထု
Page	စာမျက်နှာ
Poetry	ကဗျာ
Reader	စာဖတ်သူ
Story	ဇာတ်လမ်း
Tragic	ဝမ်းနည်းစရာ
Written	ရေးထား

Boxing

လက်ဝှေ့

Bell	ဘဲလ်
Body	ခန္ဓာကိုယ်
Chin	ချင်း
Corner	ထောင့်
Elbow	တံတောင်ဆစ်
Exhausted	ကုန်
Fighter	တိုက်ပွဲ
Fist	လက်သီး
Focus	အာရုံ
Gloves	လက်အိတ်
Kick	ကန်
Opponent	ပြိုင်ဘက်
Referee	ဒိုင်လူကြီး
Skill	ကျွမ်းကျင်မှု
Strength	ခွန်အား

Buildings

အဆောက်အဦးများ

Apartment	တိုက်ခန်း
Barn	ကျီ
Cabin	ကဗျာ
Castle	ရဲတိုက်
Cinema	ရုပ်ရှင်ရုံ
Embassy	သံရုံး
Factory	စက်ရုံ
Hospital	ဆေးရုံ
Hostel	ဘော်ဒါဆောင်
Hotel	ဟိုတယ်
Laboratory	ဓမာစာ
Museum	ပြတိုက်
Observatory	နက္ခတ်တာရာ
School	ကျောင်း
Stadium	အားကစားကွင်း
Supermarket	မာတိကာ
Tent	တဲ
Theater	ဇာတ်ရုံ
Tower	မျှော်စင်
University	တက္ကသိုလ်

Business

စီးပွားရေးလုပ်ငန်းများ

Budget	ဘတ်ဂျက်
Company	ကုမ္ပဏီ
Cost	ကုန်ကျစရိတ်
Currency	ငွေကြေး
Discount	လျှော့ဈေး
Economics	စီးပွားရေး
Employer	အလုပ်ရှင်
Factory	စက်ရုံ
Finance	ဘဏ္ဍာရေး
Income	ဝင်ငွေ
Job	အလုပ်
Manager	မန်နေဂျာ
Money	ငွေ
Office	ရုံးခန်း
Profit	အမြတ်အစွန်း
Sale	လိပ်စာ
Shop	ဆိုင်
Taxes	အခွန်များ

Camping

စခန်းချ

Adventure	စွန့်စားမှု
Animals	တိရစ္ဆာန်
Cabin	ကဗျာ
Canoe	ကနူး
Fire	မီး
Forest	သစ်တော
Hat	ဦးထုပ်
Hunting	အမဲလိုက်
Insect	အင်းဆက်
Lake	ရကန်
Map	မြေပုံ
Moon	လ
Mountain	တောင်
Nature	သဘာဝ
Rope	ကြိုး
Tent	တဲ
Trees	သစ်ပင်

Chemistry

ဓာတုဗေဒ

Acid	အက်ဆစ်
Alkaline	အယ်လကာလင်
Atomic	အနုမြူ
Carbon	ကာဗွန်
Catalyst	ကယ်လပ်စ်
Chlorine	ကလိုရင်း
Electron	အီလက်ထရွန်
Enzyme	အင်ဇိုင်း
Gas	ဓာတ်ငွေ့
Heat	အပူ
Hydrogen	ဟိုက်ဒရိုဂျင်
Ion	အိုင်အန်
Liquid	အရည်
Metals	သတ္တုများ
Molecule	မော်လီကျူး
Organic	အော်ဂဲနစ်
Oxygen	အောက်ဆီဂျင်
Salt	ဆား
Temperature	အပူချိန်
Weight	အလေးချိန်

Chess

စစ်တုရင်ကစားနည်း

Black	အနက်ရောင်
Champion	ချန်ပီယံ
Diagonal	ထောင့်ဖြတ်
Game	ဂိမ်း
King	ဘုရင်
Opponent	ပြိုင်ဖက်
Passive	ဗမာစာ
Player	ကစားသမား
Queen	မိဖုရား
Strategy	မဟာဗျူဟာ
Time	အချိန်
Tournament	ပြိုင်ပွဲ
White	အဖြူ

Chocolate

ချောကလက်

Antioxidant	ဓါတ်တိုး
Bitter	ခါးသဓာ
Cacao	လီအို
Calories	ကယ်လိုရီ
Candy	သကြားလုံး
Caramel	ဂျမ်ဘို
Coconut	အုန်းသီး
Flavor	အရသာ
Ingredient	အမည်
Peanuts	မြေပဲ
Quality	အရည်အသွေး
Sugar	သကြား
Sweet	ချိုမြိန်
Taste	အရသာ

Circus

ဆပ်ကပ်

Animals	တိရစ္ဆာန်
Candy	သကြားလုံး
Elephant	ဆင်
Entertain	ဖျော်ဖြေရေး
Juggler	အဆုံး
Lion	ခြင်္သေ့
Magic	မှော်
Monkey	မျောက်
Music	ဂီတ
Parade	ချီတက်ပွဲ
Tent	တဲ
Ticket	လက်မှတ်
Tiger	ကျား
Trick	ထရစ်

Climbing

တခောင်တက်ခြင်း။

Altitude	အမြင့်
Atmosphere	လထု
Boots	ဘွတ်ဖိနပ်
Cave	ဂူ
Curiosity	သိချင်စိတ်
Expert	ကျွမ်းကျင်သူ
Gloves	လက်အိတ်
Guides	လမ်းညွှန်
Helmet	သံခမောက်
Hiking	တခောင်တက်
Injury	ဒဏ်ရာ
Map	မြေပုံ
Narrow	ကျဉ်းမြောင်း
Stability	တည်ငြိမ်မှု
Strength	ခွန်အား

Clothes

အဝတ်အစား

Bracelet	လက်ကောက်
Coat	ကုတ်အင်္ကျီ
Dress	အဝတ်အစား
Fashion	ဖက်ရှင်
Gloves	လက်အိတ်
Hat	ဦးထုပ်
Jacket	ဂျက်ကက်
Jewelry	လက်ဝတ်ရတနာ
Pajamas	ပါဂျမားစ်
Pants	အိတ်
Scarf	ပဝါ
Shirt	ရှပ်အင်္ကျီ
Shoe	ဖိနပ်
Skirt	အင်္ကျီ
Socks	ခြေအိတ်များ
Sweater	ဆွယ်တာ

Coffee

ကော်ဖီ

Bitter	ခါးသော
Black	အနက်ရောင်
Caffeine	ကဖင်း
Cream	အိမ်
Cup	ဖလား
Flavor	အရသာ
Grind	ကြိတ်
Liquid	အရည်
Milk	နို့
Morning	မနက်
Price	ဈေးနှုန်း
Sugar	သကြား
Water	ရေ

Colors

အရောင်များ

Azure	အာရဗျေ
Beige	အိတ်
Black	အနက်ရောင်
Blue	အပြာရောင်
Brown	အညိုရောင်
Fuchsia	အင်္ဂလိပ်
Green	အစိမ်းရောင်
Grey	မီးခိုးရောင်
Pink	ပန်း
Purple	ခရမ်းရောင်
Red	နီ
Sepia	စက်တင်ဘာ
Violet	ဗီအိုလက်
White	အဖြူ
Yellow	အဝါရောင်

Countries #1

နံပါတ် ၁ နိုင်ငံများ

Brazil	ဘရာဇီး
Canada	ကနေဒါ
Egypt	အီဂျစ်
Finland	ဖင်လန်
Germany	ဂျာမနီ
Iraq	အီရတ်
Israel	အစ္စရေး
Italy	အီတလီ
Latvia	လတ်ဗီးယား
Libya	လစ်ဗျား
Morocco	မော်ရိုကို
Nicaragua	နီကာရာဂွာ
Norway	နော်ဝေး
Panama	ပနားမား
Poland	ပိုလန်
Romania	ရိုမေးနီးယား
Senegal	ဆီနီဂေါ
Spain	စပိန်
Venezuela	ဗင်နီဇွဲလား
Vietnam	ဗီယက်နမ်

Countries #2

နံပါတ် ၂ နိုင်ငံ

Denmark	ဒိန်းမတ်
Greece	ဂရိ
Haiti	ဟေတီ
Indonesia	အင်ဒိုနီးရှား
Ireland	အိုင်ယာလန်
Jamaica	ဂျမေကာ
Japan	ဂျပန်
Kenya	ကင်ညာ
Laos	လာအိုအက်စ်
Lebanon	လက်ဘနွန်
Mexico	မက္ကဆီကို
Nepal	နီပေါ
Pakistan	ပါကစ္စတန်
Russia	ရုရှား
Rwanda	ရဝမ်ဒါ
Somalia	ဆိုမာလီယာ
Sudan	ဆူဒန်
Syria	ဆီးရီးယား
Uganda	ယူဂန်ဒါ
Ukraine	ယူကရိန်း

Creativity

တီထွင်ဖန်တီးမှု

Artistic	အနုပညာ
Authenticity	စစ်မှန်မှု
Clarity	ကလဲတီ
Dramatic	ပြဇာတ်
Emotions	စိတ်ခံစားမှု
Feelings	ခံစားချက်များ
Image	ပုံ
Inspiration	စေ့ဆော်
Intensity	ပြင်းထန်မှု
Intuition	ပင်ကိုယ်
Inventive	တွစ်တာ
Skill	ကျွမ်းကျင်မှု
Visions	အမြင်များ

Dance

အကအခုန်

Academy	အကယ်ဒမီ
Art	အနုပညာ
Body	ခန္ဓာကိုယ်
Choreography	ဇာတ်အိမ်
Classical	ဝစေု
Culture	ယဉ်ကျေးမှု
Emotion	စိတ်ခံစားမှု
Expressive	ပုံရှုသော
Movement	လှုပ်ရှားမှု
Music	ဂီတ
Partner	ပါတနာ
Rhythm	ရစ်သမ်
Visual	အမြင်အာရုံ

Days and Months

ရက်နှင့်လများ

April	ဧပြီ
August	ဂုတ်
Calendar	ပြက္ခဒိန်
February	ဖေဖော်ဝါရီ
Friday	သောကြာနေ့
January	ဇန်နဝါရီ
July	ဇူလိုင်လ
March	မတ်လ
Monday	တနင်္လာနေ့
Month	လ
November	နိုဝင်ဘာလ
October	အောက်တိုဘာလ
Saturday	စနေနေ့
September	စက်တင်ဘာလ
Sunday	တနင်္ဂနွေ
Thursday	ကြာသပတေးနေ့
Tuesday	အင်္ဂါနေ့
Wednesday	ဗုဒ္ဓဟူးနေ့
Week	တစ်ပတ်
Year	နှစ်

Diplomacy

သံတမန်ရေးရာ

Ambassador	သံအမတ်ကြီး
Civic	အမည်
Community	ရပ်ကွက်
Conflict	ပဋိပက္ခ
Diplomatic	သံတမန်ရေးရာ
Discussion	ဆွေးနွေး
Embassy	သံရုံး
Foreign	နိုင်ငံခြား
Government	အစိုးရ
Integrity	သမာဓိ
Justice	တရားမျှတမှု
Languages	ဘာသာစကားများ
Politics	နိုင်ငံရေး
Security	လုံခြုံရေး
Solution	ဖြေရှင်းချက်
Treaty	စာချုပ်

Driving

ကားမောင်းခြင်း

Accident	မတော်တဆမှု
Bridges	တံတားများ
Bus	ဘတ်စ်ကား
Car	ကား
Caution	သတိ
Danger	အန္တရာယ်
Driver	ယာဉ်မောင်း
Fuel	လောင်စာ
Gas	ဓာတ်ငွေ့
Insurance	အာမခံ
License	လိုင်စင်
Map	မြေပုံ
Motor	မော်တာ
Pedestrian	လူသွားလူလာ
Police	ရဲ
Safety	လုံခြုံမှု
Speed	အလျင်
Street	လမ်း
Traffic	အမည်
Truck	ထရပ်ကား

Electricity

လျှပ်စစ်မီး

Battery	ဘက်ထရီ
Cable	ကဘောယ်လ်
Electric	လျှပ်စစ်
Electrician	မိဒျန်
Generator	မီးစက်
Lamp	မီးအိမ်
Laser	လဆော
Magnet	မက်နက်
Negative	အနုတ်လက္ခဏာ
Network	ကွန်ယက်
Objects	ဝတ္ထုများ
Positive	အပြုသဘော
Socket	အိမ်
Telephone	တယ်လီဖုန်း

Energy

စွမ်းအင်

Battery	ဘက်ထရီ
Carbon	ကာဗွန်
Diesel	ဒီဇယ်
Electric	လျှပ်စစ်
Electron	အီလက်ထရွန်
Engine	အင်ဂျင်
Entropy	ဘလ္လာဉာရေး
Environment	ပတ်ဝန်းကျင်
Fuel	လောင်စာ
Gasoline	ဓာတ်ဆီ
Heat	အပူ
Hydrogen	ဟိုက်ဒရိုဂျင်
Motor	မော်တာ
Photon	ဓာတ်ပုံ
Pollution	ညစ်ညမ်းမှု
Steam	ထဓောင်းပါ။
Turbine	တွစ်တာ
Wind	လေ

Engineering

အင္ဂ်င္နီယာပညာရပ္

Angle	ထောင့်
Axis	ဝင်ရိုး
Calculation	တွက်ချက်မှု
Construction	ဆောက်လုပ်ရေး
Depth	အနက်
Diagram	ပုံကြမ်း
Diameter	အချင်း
Diesel	ဒီဇယ်
Distribution	ဖြန့်ဖြူး
Energy	စွမ်းအင်
Engine	အင်ဂျင်
Levers	အုတ်
Liquid	အရည်
Machine	စက်
Measurement	တိုင်းတာခြင်း
Motor	မော်တာ
Stability	တည်ငြိမ်မှု
Strength	ခွန်အား

Family

မိသားစု

Ancestor	ဘိုးဘေး
Aunt	အဒေါ
Brother	အစ်မ
Child	ကလေး
Childhood	ကလေးဘဝ
Children	ကလေးများ
Cousin	ဝမ်းကွဲ
Daughter	သမီး
Father	အဘ
Grandfather	အဖိုး
Grandson	မြေး
Husband	ခင်ပွန်း
Mother	အမေ
Nephew	တူ
Niece	တူမ
Paternal	အဖဘောက်က
Sister	ညီမ
Uncle	ဦးလေး
Wife	ဇနီး

Farm #1

ခံနြံပါတ် ၁

Agriculture	စိုက်ပျိုးရေး
Bee	ပျား
Bison	ဘီနင်
Calf	နွားသငယ်
Cat	ကြောင်
Chicken	ကြက်သား
Cow	နွား
Dog	ခွေး
Donkey	မြည်း
Fence	ခံစြည်းရိုး
Fertilizer	မြေသဖြာ
Field	လယ်ကွင်း
Flock	သိုး
Goat	ဆိတ်
Hay	ဟေး
Honey	ပျားရည်
Horse	မြင်း
Rice	ဆန်
Seeds	မျိုးစေ့များ
Water	ရေ

Farm #2

ခြံနံပါတ် ၂

Animals	တိရစ္ဆာန်
Barley	ဘားလီ
Barn	ကျီ
Duck	ဘဲ
Farmer	လယ်သမား
Food	အစားအစာ
Fruit	အသီး
Irrigation	ဆည်မြောင်း
Llama	လားလမား
Meadow	မြက်ပင်
Milk	နို့
Sheep	သိုး
Tractor	ထွန်စက်
Wheat	ဂျုံစပါး

Fishing

ဆက်ဖတ်ရန်

Bait	စာ
Basket	အမည်
Beach	ကမ်းခြေ
Boat	လှေ
Gills	မှို
Hook	ဟွတ်
Jaw	ဂျာဝါး
Lake	ရေကန်
Ocean	သမုဒ္ဒရာ
Patience	သည်းခံခြင်း
River	မြစ်
Season	ရာသီ
Water	ရေ
Weight	အလေးချိန်

Flowers

ပန်းပွင့်

Bouquet	ပန်းစည်း
Clover	မြစေး
Daisy	ဒေစီ
Dandelion	လဒေါ့ဂ်အင်
Gardenia	ဗလေုဝ
Hibiscus	ိုင်ငံ
Jasmine	စံပယ်
Lavender	လာဗင်ဒါ
Lilac	အမည်
Lily	လီလီ
Magnolia	ပုံနှိပ်
Orchid	သစ်ခွ
Peony	မြန်မာ
Petal	ပီတာ
Plumeria	ပလိုမာရီယား
Poppy	ဘိန်းပင်
Sunflower	နေကြာ
Tulip	ကျူလစ်

Food #1

အစားအသောက် နံပါတ် ၁

Apricot	တရုတ်
Barley	ဘားလီ
Basil	ပင်စိမ်း
Carrot	ကာရို
Cinnamon	ကနမုန်း
Garlic	ကြက်သွန်ဖြူ
Juice	ဖျော်ရည်
Lemon	လီမုန်း
Milk	နို့
Onion	အင်္ဂလိပ်
Peanut	မြေပဲ
Pear	သစ်တော်သီး
Salad	ဆလတ်
Salt	ဆား
Soup	ဟင်းရည်
Strawberry	စတော်ဘယ်ရီ
Sugar	သကြား
Tofu	တိုဖူ
Tuna	တူနာ
Turnip	ဒိတ်

Food #2

အစားအစာနံပါတ် ၂

Apple	ပန်းသီး
Artichoke	ပုံစံ
Banana	ငှက်ပျောသီး
Bread	မုန့်
Broccoli	ဘရိုကိုလီ
Celery	တွစ်တာ
Cheese	ဒိန်ခဲ
Cherry	ပိတ်
Chicken	ကြက်သား
Chocolate	ချောကလက်
Egg	ကြက်ဥ
Eggplant	ဥဂ်ပလန်
Fish	ငါး
Grape	စပျစ်သီး
Kiwi	ကီဝီ
Mushroom	မှို
Rice	ဆန်
Tomato	ခရမ်းချဉ်သီး
Wheat	ဂျုံစပါး
Yogurt	ဒိန်ချဉ်

Force and Gravity

တွန်းအားနှင့် ဆွဲငင်အား

Axis	ဝင်ရိုး
Center	ဗဟို
Distance	အဝေးသင်
Dynamic	တက်ကြွသော
Expansion	တိုးချဲ့ခြင်း
Magnetism	မဂ္ဂနီတီ
Mechanics	စက်ပြင်
Orbit	အော်ဘီ
Physics	ရူပဗေဒ
Pressure	ဖိအား
Speed	အလျင်
Time	အချိန်
Weight	အလေးချိန်

Fruit

အသီး

Apple	ပန်းသီး
Apricot	တရုတ်
Avocado	ထောပတ်သီး
Banana	ငှက်ပျောသီး
Berry	ဘယ်ရီ
Blackberry	ဘလက်ဗယ်ရီသီး
Cherry	ပိတ်
Coconut	အုန်းသီး
Grape	စပျစ်သီး
Guava	ယုဒ
Kiwi	ကီဝီ
Lemon	လီမုန်း
Mango	နအေိမ်
Nectarine	နေးရှင်း
Papaya	သင်္ဘောသီး
Peach	မက်မွန်
Pear	သစ်တော်သီး
Pineapple	နာနတ်သီး
Plum	ဇီးသီး
Raspberry	ဘတ်

Geography

ပထဝီဝင်

Altitude	အမြင့်
Atlas	ဂျမ်ဘို
City	မြို့
Continent	တိုက်ကြီး
Country	နိုင်ငံ
Equator	အီကွေတော
Hemisphere	ခံကြုန်း
Island	ကျွန်း
Latitude	လတီတူး
Map	မြေပုံ
Meridian	မိဒျန်
Mountain	တောင်
North	မြောက်ဘက်
Ocean	သမုဒ္ဒရာ
Region	ဒေသ
River	မြစ်
Sea	ပင်လယ်
Territory	နယ်မြေ
West	အနောက်
World	ကမ္ဘာ

Geology

ရှက္ခဗဒေ

Acid	အက်ဆစ်
Calcium	ကယ်လစီယမ်
Cavern	ခမ
Continent	တိုက်ကြီး
Coral	သန္တာ
Cycles	သံသရာ
Earthquake	ငလျင်
Erosion	တိုက်စားမှု
Geyser	ဂေးဆာ
Lava	နအေိမ်
Layer	အလွှာ
Molten	မော်လ်တန်
Plateau	ကုန်းမြင့်
Quartz	ကွာ့ဇ်
Salt	ဆား
Stalactite	အမည်
Stalagmites	လူများ
Stone	ကျောက်
Volcano	မီးတောင်

Geometry

ဂျီသြမေတြီ

Angle	ထောင့်
Calculation	တွက်ချက်မှု
Circle	စက်ဝိုင်း
Curve	ဂေး
Diameter	အချင်း
Dimension	ဒီဇင်နင်
Equation	ညီမျှမှု
Height	အမြင့်
Horizontal	အလျားလိုက်
Logic	ယုတ္တိဗေဒ
Mass	အစုလိုက်
Number	နံပါတ်
Parallel	အပြိုင်
Proportion	အချိုးအစား
Square	စတုရန်း
Surface	မျက်နှာပြင်
Symmetry	အချိုးကျ
Theory	သီအိုရီ
Triangle	တြိဂံ
Vertical	ဒေါင်လိုက်

Government

အစိုးရ

Citizenship	နိုင်ငံသား
Democracy	ဒီမိုကရစေီ
Discussion	ဆွေးနွေး
District	ခရိုင်
Independence	လွတ်လပ်ရေး
Judicial	တရားစီရင်ရေး
Justice	တရားမျှတမှု
Law	ဥပဒေ
Leader	ခေါင်းဆောင်
Liberty	လွပ်လပ်ရေး
Monument	မာတိကာ
Nation	လူမျိုး
Politics	နိုင်ငံရေး
Speech	မိန့်ခွန်း
State	ပြည်နယ်
Symbol	သင်္ကတေ

Health and Wellness #1

ကျန်းမာရေးနှင့်ကျန်းမာ#1

Bacteria	ဘက်တီးရီးယား
Bones	အရိုး
Clinic	ဆေးခန်း
Doctor	ဆရာဝန်
Fracture	ကျိုး
Habit	အလေ့အကျင့်
Height	အမြင့်
Hormones	ဟော်မုန်း
Injury	ဒဏ်ရာ
Medicine	ဆေးဝါး
Muscles	ကြွက်သားများ
Nerves	အာရုံကြော
Pharmacy	ဆေးဆိုင်
Reflex	ရီဖလက်စ်
Skin	အရေပြား
Therapy	ကုထုံး
Treatment	ကုသမှု
Virus	ဗိုင်းရပ်စ်

Health and Wellness #2

ကျန်းမာရေးနှင့်ကျန်းမာ#2

Allergy	ဓာတ်မဂျေီ
Anatomy	ခန္ဓာဗေဒ
Appetite	စားချင်စရာ
Blood	သွေး
Body	ခန္ဓာကိုယ်
Calorie	ကယ်လိုရီ
Diet	ဓာတ်စာ
Disease	ရောဂါ
Energy	စွမ်းအင်
Genetics	မျိုးရိုးဗီဇ
Healthy	ကျန်းမာရေး
Hospital	ဆေးရုံ
Infection	ကူးစက်မှု
Massage	အနှိပ်
Nutrition	အာဟာရ
Sleep	အိပ်
Strength	ခွန်အား
Stress	စိတ်ဖိစီးမှု
Vitamin	ဗီတာမင်
Weight	အလေးချိန်

Herbalism

ဘာသာရေးဝါဒ

Aromatic	ရနံ့
Basil	ပင်စိမ်း
Beneficial	အကျိုးရှိသော
Culinary	အချက်အပြုတ်
Fennel	စမုန်နက်
Flavor	အရသာ
Flower	ပန်း
Garden	ဥယျာဉ်
Garlic	ကြက်သွန်ဖြူ
Green	အစိမ်းရောင်
Ingredient	အမည်
Lavender	လာဗင်ဒါ
Marjoram	ဂျမ်ဘို
Mint	ပူစီနံ
Parsley	နံနံပင်
Plant	အပင်
Quality	အရည်အသွေး
Rosemary	ရိုဇမ်မာရီ
Saffron	ရွှေဝါရောင်
Tarragon	ရှာရန်

Hiking

တောင်တက်

Animals	တိရစ္ဆာန်
Boots	ဘွတ်ဖိနပ်
Climate	ရာသီဥတု
Guides	လမ်းညွှန်
Heavy	ဟဲလေး
Map	မြေပုံ
Mountain	တောင်
Nature	သဘာဝ
Parks	ပန်းခြံများ
Preparation	ပြင်ဆင်မှု
Stones	ကျောက်ခဲများ
Tired	ပင်ပန်း
Water	ရေ
Wild	တောရိုင်း

House

အိမ်

Bedroom	အိပ်ခန်း
Broom	တံမြက်စည်း
Ceiling	မျက်နှာကျက်
Curtains	ကုလားကာ
Door	တံခါး
Faucet	မနြှမာ
Fence	ခြံစည်းရိုး
Floor	ကြမ်းပြင်
Garden	ဥယျာဉ်
Keys	သော့များ
Kitchen	မီးဖိုချောင်
Lamp	မီးအိမ်
Library	စာကြည့်တိုက်
Mirror	ကြေးမုံ
Roof	ခေါင်မိုး
Room	အခန်း
Rug	ဇော
Shower	အိမ်
Wall	နံရံ
Window	ဝင်းဒိုး

Human Body

လူ့ခန္ဓာကိုယ်

Ankle	အန်ကလီ
Blood	သွေး
Bones	အရိုး
Brain	ဦးနှောက်
Chin	ချင်း
Ear	နား
Elbow	တံတောင်ဆစ်
Face	မျက်နှာ
Finger	အမှတ်
Hand	လက်
Head	ဦးခေါင်း
Heart	နှလုံးသား
Jaw	ဂျာဝါး
Knee	ဒူး
Leg	ခြေထောက်
Mouth	ပါးစပ်
Neck	လည်ပင်း
Nose	နှာခေါင်း
Shoulder	ပခုံး
Skin	အရေပြား

Insects

အင်းဆက်များ

Ant	အန့်တီ
Aphid	အက်ဖီ
Bee	ပျား
Beetle	လင်းပိုင်
Butterfly	လိပ်ပြာ
Cicada	နအေိမ်
Cockroach	ပိုးဟပ်
Flea	ဖလီယာ
Gnat	ဂနုတ်
Grasshopper	မြက်
Ladybug	ခွေးတစ်ကောင်
Larva	လာဗာ
Mantis	ကောင်
Mosquito	ခြင်
Moth	ပိုးဖလံ
Termite	ခြကောင်
Wasp	စတင်
Worm	တီကောင်

Jazz

အသံတိမ်တိုက်

Album	အယ်လ်ဘမ်
Artist	အနုပညာရှင်
Composer	တေးရေးဆရာ
Composition	ဖွဲ့စည်းမှု
Concert	ဖျော်ဖြေပွဲ
Drums	ဒရမ်
Famous	အမည်
Improvisation	အပုအြမှူ
Music	ဂီတ
New	အသစ်
Orchestra	အော်ချက်စ်ထရာ
Rhythm	ရစ်သမ်
Song	သီချင်း
Style	စတိုင်
Talent	အမျိုးအစား
Technique	နည်းပညာ

Landscapes

ရှုခင်းများ

Beach	ကမ်းခြေ
Cave	ဂူ
Desert	သဲကန္တာရ
Geyser	ဂေးဆာ
Glacier	ရခဲမြစ်
Hill	တောင်ကုန်း
Iceberg	ရခဲတောင်
Island	ကျွန်း
Lake	ရကန်
Mountain	တောင်
Oasis	အိုအစေစ်
Ocean	သမုဒ္ဒရာ
Peninsula	ကျွန်းဆွယ်
River	မြစ်
Sea	ပင်လယ်
Swamp	တော
Tundra	တန်
Valley	ချိုင့်ဝှမ်း
Volcano	မီးတောင်
Waterfall	ရတံခွန်

Literature

အင်္ဂလိပ်

Analogy	နိဒါန်း
Analysis	ဆန်းစစ်ခြင်း
Anecdote	ဥပမာ၊
Author	စာရေးသူ
Biography	အတ္ထုပ္ပတ္တိ
Conclusion	နိဂုံး
Description	ဖော်ပြချက်
Dialogue	တွေ့ဆုံ
Metaphor	ဥပစာ
Novel	ဝတ္ထု
Poem	ကဗျာ
Rhyme	ကာရန်
Rhythm	ရစ်သမ်
Style	စတိုင်
Theme	အဓိက
Tragedy	အဖြစ်ဆိုး

Mammals

နို့တိုက်သတ္တဝါများ

Bear	ဝက်ဝံ
Beaver	လှေ
Bull	နွား
Cat	ကြောင်
Coyote	လိပ်စာ
Dog	ခွေး
Dolphin	လင်းပိုင်
Elephant	ဆင်
Fox	မြေခွေး
Giraffe	သစ်ကုလားအုတ်
Gorilla	ဂိုလာ
Horse	မြင်း
Kangaroo	သားပိုက်ကောင်
Lion	ခြင်္သေ့
Monkey	မျောက်
Rabbit	ယုန်
Sheep	သိုး
Whale	ဝေလငါး
Wolf	ဝံပုလွေ
Zebra	ဇီးဘရာ

Measurements

တိုင်းတာမှုများ

Byte	ဘိုင်တီ
Centimeter	စင်တီမီတာ
Decimal	ဒသမ
Degree	ဘွဲ့
Depth	အနက်
Gram	ဂရမ်
Height	အမြင့်
Inch	လက်မ
Kilogram	ကီလိုဂရမ်
Kilometer	ကီလိုမီတာ
Length	အရှည်
Liter	လီတာ
Mass	အစုလိုက်
Meter	မီတာ
Minute	မိနစ်
Ounce	အောင်စ
Ton	တွန်
Weight	အလေးချိန်
Width	အကျယ်

Meditation

တရားထိုင်ခြင်း။

Acceptance	လက်ခံ
Awake	နိုး
Calm	အေး
Clarity	ကလဲတီ
Compassion	သနားကြင်နာမှု
Emotions	စိတ်ခံစားမှု
Gratitude	ဘလော့
Habits	အလေ့အထများ
Kindness	ကြင်နာ
Mental	စိတ်
Movement	လှုပ်ရှားမှု
Music	ဂီတ
Nature	သဘာဝ
Perspective	ရှုထောင့်
Silence	တိတ်ဆိတ်မှု
Thoughts	အတွေးများ

Music

အသားပေး

Album	အယ်လ်ဘမ်
Ballad	ဘဲလလတ်
Chorus	သံပြိုင်
Classical	ဝစေ့
Harmony	သဟဇာတ
Instrument	တူရိယာ
Melody	သီလ
Musical	ဂီတ
Musician	ဂီတပညာရှင်
Opera	အော်ပရာ
Rhythm	ရစ်သမ်
Rhythmic	စည်းဝါး
Singer	အဆိုတော်
Tempo	နှင်း

Musical Instruments

ဂီတတူရိယာများ

Banjo	ဘင်ဂျို
Bassoon	ဘဒ္ဒစ်
Cello	တယော
Clarinet	ဃ
Drum	ဒရမ်
Flute	ပလွေ
Guitar	ဂစ်တာ
Harp	စောင်း
Mandolin	မယ်ဒလင်
Oboe	ကိုဘိုး
Percussion	ပါးကွင်း
Piano	စန္ဒယား
Saxophone	မူလစာမျက်နှာ
Tambourine	အတွက်
Trombone	အမည်
Trumpet	တံပိုး
Violin	တွစ်တာ

Mythology

ဒဏ္ဍာရီလာ

Archetype	ပုံစံ
Behavior	အပြုအမူ
Creation	ဖန်တီးခြင်း
Creature	တွစ်တာ
Culture	ယဉ်ကျေးမှု
Disaster	ဘေးအန္တရာယ်
Hero	ဟီရို
Immortality	မသေခြင်း
Jealousy	မနာလိုမှု
Labyrinth	ဗဒေါပင်
Legend	ဒဏ္ဍာရီ
Lightning	လျှပ်စီး
Monster	နဂါး
Strength	ခွန်အား
Thunder	မိုးကြိုး
Warrior	စစ်သည်တော်

Nature

သဘာဝ

Animals	တိရစ္ဆာန်
Arctic	အာတိတ်
Beauty	အလှအပ
Desert	သဲကန္တာရ
Dynamic	တက်ကြွသော
Erosion	တိုက်စားမှု
Fog	မြူနှင်း
Foliage	သစ်ရွက်
Forest	သစ်တော
Glacier	ရခဲမြစ်
River	မြစ်
Serene	ငြိမ်သက်သော
Tropical	အပူပိုင်းဒေသ
Vital	အရေးပါ
Wild	တောရိုင်း

Numbers

နံပါတ်များ

Decimal	ဒဿမ
Eight	ရှစ်
Eighteen	တစ်ဆယ့်ရှစ်
Five	ငါး
Four	လေး
Fourteen	ဆယ့်လေး
Nine	ကိုး
Nineteen	ကိုးနက်
One	တစ်
Seven	ခုနစ်
Seventeen	ခုနစ်ရက်
Six	ခြောက်
Sixteen	ဆယ့်ခြောက်
Ten	ဆယ်
Thirteen	တဆယ်
Three	သုံး
Twelve	ဆယ့်နှစ်
Twenty	နှစ်ဆယ်
Two	နှစ်
Zero	သုည

Nutrition

အာဟာရ

Appetite	စားချင်စရာ
Balanced	မျှတ
Bitter	ခါးသော
Calories	ကယ်လိုရီ
Diet	ဓာတ်စာ
Flavor	အရသာ
Habits	အလေ့အထများ
Health	ကျန်းမာရေး
Liquids	အရည်များ
Nutrient	အာဟာရ
Proteins	ပရိုတင်း
Quality	အရည်အသွေး
Sauce	ငံပြာရည်
Toxin	တိုဇင်
Vitamin	ဗီတာမင်
Weight	အလေးချိန်

Ocean

သမုဒ္ဒရာ

Algae	ရေညှိ
Boat	လှေ
Coral	သန္တာ
Crab	ဂဏန်း
Dolphin	လင်းပိုင်
Eel	ဧဝ
Fish	ငါး
Jellyfish	ဂျယ်လီငါး
Octopus	ရေဘဝဲ
Oyster	ကမာ
Reef	ကျောက်တန်း
Salt	ဆား
Shark	ငါးမန်း
Shrimp	ပုစွန်
Sponge	ရေမြှုပ်
Storm	မုန်တိုင်း
Tuna	တူနာ
Turtle	လိပ်
Waves	လှိုင်း
Whale	ဝေလငါး

Pets

အိမ်မွေးတိရိစ္ဆာန်

Cat	ကြောင်
Cow	နွား
Dog	ခွေး
Fish	ငါး
Food	အစားအစာ
Goat	ဆိတ်
Hamster	ဟမ်စတာ
Lizard	လင်းဇား
Mouse	ကြွက်
Parrot	ပါရိုတီ
Paws	ယက်လုပ်
Puppy	ပုပ္ပီ
Rabbit	ယုန်
Tail	အမြီး
Turtle	လိပ်
Veterinarian	တိတိရိစ္ဆာန်
Water	ရေ

Philanthropy

ပရဟိတအလုပ်

Children	ကလေးများ
Community	ရပ်ကွက်
Contacts	အဆက်အသွယ်
Finance	ဘဏ္ဍာရေး
Funds	ရန်ပုံငွေများ
Generosity	ရက်ရောမှု
Goals	ပန်းတိုင်များ
History	သမိုင်း
Honesty	ရိုးသားမှု
Humanity	လူသား
Mission	မစ်ရှင်
Need	လိုအပ်
Programs	ပရိုဂရမ်
Youth	လူငယ်

Photography

ဓါတ်ပုံပညာ

Black	အနက်ရောင်
Camera	ကင်မရာ
Color	အရောင်
Composition	ဖွဲ့စည်းမှု
Contrast	ဆန့်ကျင်ဘက်
Darkness	မှောင်မိုက်
Format	ပုံစံ
Frame	ဘောင်
Lighting	အလင်းရောင်
Object	အရာများ
Perspective	ရှုထောင့်
Portrait	ပုံတူ
Shadows	အရိပ်များ
Subject	အကြောင်းအရာ
Texture	အသား
Visual	အမြင်အာရုံ

Physics

ရူပဗေဒ

Acceleration	အရှိန်
Atom	အက်တမ်
Chaos	ပရမ်းပတာ
Chemical	ဓာတုဗေဒ
Density	သိပ်သည်းဆ
Electron	အီလက်ထရွန်
Engine	အင်ဂျင်
Expansion	တိုးချဲ့ခြင်း
Experiment	စမ်းသပ်မှု
Formula	ဖော်မြူလာ
Frequency	အကြိမ်ရေ
Gas	ဓာတ်ငွေ့
Gravity	ဆွဲငင်အား
Magnetism	မဂ္ဂနိတီ
Mass	အစုလိုက်
Mechanics	စက်ပြင်
Molecule	မော်လီကျူး
Particle	အမှုန်
Relativity	ဆက်စပ်မှု
Velocity	အလျင်

Plants

အပင်များ

Bamboo	ဝါး
Bean	ပဲ
Berry	ဘယ်ရီ
Blossom	ပန်းပွင့်
Botany	ရုက္ခဗေဒ
Bush	ဘုရှ်
Cactus	ကက်ကပ်စ်
Fertilizer	မြေသြဇာ
Flower	ပန်း
Foliage	သစ်ရွက်
Forest	သစ်တော
Garden	ဥယျာဉ်
Grass	မြက်
Ivy	အမည်
Moss	ရေညှိ
Petal	ပီတာ
Root	အမြစ်
Stem	ပင်စည်
Tree	သစ်ပင်
Vegetation	သဘာဝပေါက်ပင်

Professions #1

အသက်မွေးဝမ်းကျောင်း#1

Ambassador	သံအမတ်ကြီး
Attorney	ရှေ့နေ
Banker	ဘဏ်လုပ်ငန်း
Cartographer	လက်ရေးဟန်
Coach	နည်းပြ
Dancer	ကဇေး
Doctor	ဆရာဝန်
Editor	အယ်ဒီတာ
Firefighter	မီးသတ်သမား
Hunter	မုဆိုး
Jeweler	လက်ဝတ်ရတနာ
Musician	ဂီတပညာရှင်
Nurse	သူနာပြု
Pianist	စန္ဒရား
Plumber	ဝစေ့
Psychologist	စိတ်ပညာရှင်
Sailor	သင်္ဘောသား
Scientist	သိပ္ပံပညာရှင်
Tailor	ချုပ်
Veterinarian	တိတိရိစ္ဆာန်

Professions #2

အတတ်ပညာ နံပါတ် ၂

Astronaut	အာကာသယာဉ်မှူး
Biologist	ဇီဝဗေဒပညာရှင်
Chemist	ဓာတုဗေဒ
Dentist	သွားဆရာဝန်
Engineer	အင်ဂျင်နီယာ
Farmer	လယ်သမား
Gardener	ဥယျာဉ်မှူး
Illustrator	သရုပ်ဖော်သူ
Inventor	တီထွင်သူ
Journalist	မဂ္ဂဇင်း
Linguist	ဘာသာဗေဒ
Painter	ပန်းချီ
Philosopher	ဒဿနိကဗေဒ
Photographer	ဓာတ်ပုံဆရာ
Physician	ဆရာဝန်
Pilot	လယောဉ်မှူး
Researcher	သုတေသီ
Surgeon	ခွဲစိတ်ဆရာဝန်
Teacher	ဆရာ

Rainforest

မိုးသစ်တော

Birds	ငှက်များ
Botanical	ရုက္ခဗေဒ
Climate	ရာသီဥတု
Community	ရပ်ကွက်
Diversity	ကွဲပြားမှု
Indigenous	တိုင်းရင်းသား
Insects	အင်းဆက်
Moss	ရည့ြ
Nature	သဘာဝ
Refuge	ခိုလှုံရာ
Respect	လေးစား
Survival	ရှင်သန်မှု
Valuable	တန်ဖိုးရှိသော

Restaurant #1

စားသောက်ဆိုင် နံပါတ် ၁

Allergy	ဓာတ်မဂျေိ
Bowl	ပန်းကန်
Bread	မုန့်
Chicken	ကြက်သား
Coffee	ကော်ဖီ
Dessert	အချိုပွဲ
Food	အစားအစာ
Kitchen	မီးဖိုချောင်
Knife	ဓား
Meat	အသား
Menu	အမည်
Napkin	ကင်
Sauce	ငံပြာရည်
Spicy	စပ်
Waitress	စာပှဲထိုး

Restaurant #2

စားသောက်ဆိုင် နံပါတ် ၂

Cake	ကိတ်မုန့်
Chair	အခန်း
Delicious	အရသာ
Dinner	ညစာ
Eggs	ကြက်ဥ
Fish	ငါး
Fork	လိပ်စာ
Fruit	အသီး
Ice	ရခဲ
Lunch	နေ့လည်စာ
Salad	ဆလတ်
Salt	ဆား
Soup	ဟင်းရည်
Spoon	ဇွန်း
Vegetables	အိမ်
Waiter	စားပွဲထိုး
Water	ရေ

Science

အတတ်ပညာ

Atom	အက်တမ်
Chemical	ဓာတုဗေဒ
Climate	ရာသီဥတု
Data	ဒေတာ
Evolution	ဆင့်ကဲဖြစ်
Experiment	စမ်းသပ်မှု
Fact	အမှန်
Gravity	ဆွဲငင်အား
Hypothesis	အယူအဆ
Laboratory	ဗမာစာ
Method	နည်းလမ်း
Nature	သဘာဝ
Particles	အမှုန်
Physics	ရူပဗေဒ
Plants	အပင်များ
Scientist	သိပ္ပံပညာရှင်

Science Fiction

အနာဂတ်စိတ်ကူးယဉ်သိပ္ပံဇာ

Atomic	အနုမြူ
Books	စာအုပ်များ
Cinema	ရုပ်ရှင်ရုံ
Dystopia	ဒေးဗီးယား
Explosion	ပေါက်ကွဲမှု
Extreme	အစွန်းရောက်
Fantastic	လှည်း
Fire	မီး
Futuristic	အနာဂတ်
Galaxy	ဂလက်ဆီ
Illusion	အယုံအယူဝါဒ
Imaginary	စိတ်ကူးယဉ်
Oracle	ဘန်ဂလို
Planet	ဂြိုဟ်
Robots	စက်ရုပ်များ
Technology	နည်းပညာ
Utopia	မီယာ
World	ကမ္ဘာ

Scientific Disciplines

သိပ္ပံဆိုင်ရာစည်းကမ်းများ

Anatomy	ခန္ဓာဗေဒ
Astronomy	နက္ခတ္တဗေဒ
Biochemistry	ဇီဝဓာတုဗေဒ
Biology	ဇီဝဗေဒ
Botany	ရုက္ခဗေဒ
Chemistry	ဓာတုဗေဒ
Ecology	ဂေဟဗေဒ
Geology	ဘူမိဗေဒ
Immunology	ကိုယ်ခံပညာ
Kinesiology	ဘဏ္ဍာရေး
Linguistics	ဘာသာဗေဒ
Mechanics	စက်ပြင်
Meteorology	မိုးလေဝသ
Mineralogy	သင်တန်းများ
Neurology	အာရုံကြောပညာ
Nutrition	အာဟာရ
Physiology	ရူပဗေဒ
Psychology	စိတ်ပညာ
Sociology	လူမှုဗေဒ
Thermodynamics	အခြားသူများက

Shapes

ပုံစံမျိုးစုံ

Arc	အတိုး
Circle	စက်ဝိုင်း
Cone	နှင့်
Corner	ထောင့်
Cube	ကူဘီ
Curve	ဂေး
Cylinder	အိမ်
Edges	အနားသတ်
Ellipse	ဘဲဥပုံ
Hyperbola	ဂျပန်
Line	လိုင်း
Prism	ပရက်စတန်
Pyramid	ပိရမစ်
Rectangle	စတုဂံ
Side	ဘေးထွက်
Square	စတုရန်း
Triangle	တြိဂံ

Spices

နံ့သာမျိုး

Anise	အမ်ပီယာ
Bitter	ခါးသော
Cardamom	ကာဒမုံ
Cinnamon	ကနမုန်း
Clove	လေးညှင်းပွင့်
Coriander	နံနံပင်
Cumin	ဇီဇီ
Curry	ဟင်း
Fennel	စမုန်နက်
Flavor	အရသာ
Garlic	ကြက်သွန်ဖြူ
Ginger	ဂျင်း
Nutmeg	ဂျမ်ဘို
Onion	အင်္ဂလိပ်
Paprika	ပါပါ
Pepper	ငရုတ်ကောင်း
Saffron	ရွှဝေါရောင်
Salt	ဆား
Sweet	ချိုမြိန်
Vanilla	ဗနီလာ

Sports

အားကစားနည်းများ

Athlete	အားကစားသမား
Baseball	ဘေ့စ်ဘော
Basketball	ဘတ်စကက်ဘော
Bicycle	စက်ဘီး
Championship	ချန်ပီယံရှစ်
Coach	နည်းပြ
Game	ဂိမ်း
Golf	ဂေါက်သီး
Gymnasium	အားကစား
Gymnastics	ကျွမ်းဘား
Hockey	ဟော်ကီ
Movement	လှုပ်ရှားမှု
Player	ကစားသမား
Referee	ဒိုင်လူကြီး
Stadium	အားကစားကွင်း
Team	ဝစေ
Tennis	တင်းနစ်
Winner	ဆုရှင်

Technology

နည်းပညာ

Browser	နအေိမ်
Bytes	ဘိုက်
Camera	ကင်မရာ
Computer	ကွန်ပျူတာ
Cursor	ကာဆာ
Data	ဒေတာ
Digital	ဒစ်ဂျစ်တယ်
File	ဖိုင်
Internet	အင်တာနက်
Research	သုတေသန
Screen	မျက်နှာပြင်
Security	လုံခြုံရေး
Software	ဆော့ဖ်ဝဲ
Virtual	အသွင်တူ
Virus	ဗိုင်းရပ်စ်

Time

အချိန်

Annual	နှစ်စဉ်
Before	မီလန်
Calendar	ပြက္ခဒိန်
Century	ရာစု
Day	နေ့
Decade	ဆယ်စုနှစ်
Early	အစောပိုင်း
Future	အနာဂတ်
Hour	နာရီ
Minute	မိနစ်
Month	လ
Morning	မနက်
Night	ည
Noon	မွန်းတည့်
Now	အခုတော့
Past	အတိတ်
Today	ယနေ့
Week	တစ်ပတ်
Year	နှစ်
Yesterday	မနေ့က

Tools

ကိရိယာများ

Axe	ပုဆိန်
Cable	ကေဘယ်လ်
Glue	အမည်
Hammer	တူ
Knife	ဓား
Mallet	အိမ်
Pliers	ပလာယာ
Razor	သင်တုန်း
Rope	ကြိုး
Scissors	ကတ်ကြေး
Screw	ဝက်အူ
Shovel	ဂေါ်ပြား
Stapler	လာလာ
Torch	မီးတိုင်
Wheel	ဘီး

Town

မြို့

Airport	လေဆိပ်
Bakery	အိမ်
Bank	ဘဏ်
Bookstore	စာအုပ်
Cinema	ရုပ်ရှင်ရုံ
Clinic	ဆေးခန်း
Florist	ဖလောရစ်
Gallery	ပြခန်း
Hotel	ဟိုတယ်
Library	စာကြည့်တိုက်
Market	ဈေးကွက်
Museum	ပြတိုက်
Pharmacy	ဆေးဆိုင်
School	ကျောင်း
Stadium	အားကစားကွင်း
Store	စတိုးဆိုင်
Supermarket	မာတိကာ
Theater	ဇာတ်ရုံ
University	တက္ကသိုလ်
Zoo	တိရစ္ဆာန်ရုံ

Universe

စကြဝဠာ

Asteroid	ကပြယ်စင်
Astronomy	နက္ခတ္တဗေဒ
Atmosphere	လထု
Celestial	ကောင်းကင်
Cosmic	နအေိမ်
Darkness	မှောင်မိုက်
Equator	အီကွေတော
Galaxy	ဂလက်ဆီ
Hemisphere	ခံကြုန်း
Horizon	မိုးကုတ်မျိုး
Latitude	လတီတူး
Moon	လ
Orbit	အဪ်ဘီ
Sky	စကိုင်း
Solar	နရောင်ခြည်
Solstice	ခတော်စမ်း
Telescope	တယ်လီစကုပ်
Visible	မြင်နိုင်
Zodiac	ရာသီခွင်

Vacation #2

အားလပ်ရက် နံပါတ် ၂

Airport	လဆိပ်
Beach	ကမ်းခြေ
Destination	ပန်းတိုင်
Foreign	နိုင်ငံခြား
Holiday	အားလပ်ရက်
Hotel	ဟိုတယ်
Island	ကျွန်း
Journey	ခရီး
Leisure	ဂိမ်း
Map	မြေပုံ
Passport	ပတ်စပို့
Restaurant	စားသောက်ဆိုင်
Sea	ပင်လယ်
Taxi	တက္ကစီ
Tent	တဲ
Train	ရထား
Visa	ဗီဇာ

Vegetables

ဟင်းသီးဟင်းရွက်များ

Artichoke	ပိုစံ
Broccoli	ဘရိုကိုလီ
Carrot	ကာရွိ
Cauliflower	ပန်းဂေါ်ဖီ
Celery	တွစ်တာ
Cucumber	သခွားသီး
Eggplant	ဥဂ်ပလန်
Garlic	ကကြာသွန်ဖြူ
Ginger	ဂျင်း
Mushroom	မှို
Olive	သံလွင်
Onion	အင်္ဂလိပ်
Parsley	နံနံပင်
Pea	ပဲ
Potato	အာလူး
Pumpkin	ဖရုံသီး
Radish	မုန်လာဥ
Salad	ဆလတ်
Tomato	ခရမ်းချဉ်သီး
Turnip	အိတ်

Vehicles

ယာဉ်များ

Airplane	အိမ်
Ambulance	လူနာတင်ယာဉ်
Bicycle	စက်ဘီး
Boat	လှေ
Bus	ဘတ်စ်ကား
Car	ကား
Caravan	ကာရာဗန်
Engine	အင်ဂျင်
Ferry	ဖယ်ရီ
Helicopter	ရဟတ်ယာဉ်
Motor	မော်တာ
Raft	လိပ်စာ
Rocket	ဒုံးပျံ
Scooter	စကူတာ
Submarine	ရငုပ်သင်္ဘော
Subway	မြေအောက်ရထား
Taxi	တက္ကစီ
Tires	ပိတ်
Tractor	ထွန်စက်
Truck	ထရပ်ကား

Visual Arts

အမြင်အာရုံအနုပညာ

Architecture	ဗိသုကာပညာ
Artist	အဆိုတော်
Chalk	မြေဖြူခြဲ
Clay	ရွှံ့စေး
Composition	ဖွဲ့စည်းမှု
Creativity	ဖန်တီးမှု
Easel	ဂျမ်ဘို
Film	ရုပ်ရှင်
Masterpiece	လက်ရာ
Pen	ကလောင်
Pencil	ခဲတံ
Perspective	ရှုထောင့်
Photograph	ဓာတ်ပုံ
Portrait	ပုံတူ
Sculpture	ပန်းပု
Stencil	ဗလင်စီယာ
Varnish	အရောင်တင်ဆီ
Wax	နအေိမ်

Water

ရေ

Canal	အင်္ဂလိပ်
Flood	ရေလွှမ်းမိုး
Frost	နှင်းခဲ
Geyser	ဘူမိဗဒေ
Humidity	စိုထိုင်းဆ
Hurricane	ဟာရီကိန်း
Ice	ရခဲ
Irrigation	ဆည်မြောင်း
Lake	ရကန်
Moisture	အသားပေး
Monsoon	မုတ်သုန်
Ocean	ပင်လယ်
Rain	မိုးရွာ
River	မြစ်
Shower	အိမ်
Snow	နှင်း
Steam	ထောင်းပါ။
Waves	လှိုင်းများ

Weather

ရာသီဥတု

Atmosphere	လထု
Breeze	လညင်း
Calm	အေး
Climate	ရာသီဥတု
Cloud	မိုးတိမ်
Dry	အခြောက်
Flood	ရလွှမ်းမိုး
Fog	မြူနှင်း
Hurricane	ဟာရီကိန်း
Ice	ရခဲ
Lightning	လျှပ်စီး
Monsoon	မုတ်သုန်
Polar	အရှောင်အသွေး
Rainbow	သက်တံ
Sky	မိုးကောင်းကင်
Storm	မုန်တိုင်း
Temperature	အပူချိန်
Thunder	မိုးကြိုး
Tropical	အပူပိုင်းဒေသ
Wind	လေတိုက်

Congratulations

You made it!

We hope you enjoyed this book as much as we enjoyed making it. We do our best to make high quality games.
These puzzles are designed in a clever way for you to learn actively while having fun!

Did you love them?

A Simple Request

Our books exist thanks your reviews. Could you help us by leaving one now?

Here is a short link which will take you to your order review page:

BestBooksActivity.com/Review50

MONSTER CHALLENGE!

Challenge #1

Ready for Your Bonus Game? We use them all the time but they are not so easy to find. Here are **Synonyms**!

Note 5 words you discovered in each of the Puzzles noted below (#21, #36, #76) and try to find 2 synonyms for each word.

Note 5 Words from ***Puzzle 21***

Words	Synonym 1	Synonym 2

Note 5 Words from ***Puzzle 36***

Words	Synonym 1	Synonym 2

Note 5 Words from ***Puzzle 76***

Words	Synonym 1	Synonym 2

Challenge #2

Now that you are warmed-up, note 5 words you discovered in each Puzzle noted below (#9, #17, #25) and try to find 2 antonyms for each word. How many lines can you do in 20 minutes?

Note 5 Words from ***Puzzle 9***

Words	Antonym 1	Antonym 2

Note 5 Words from ***Puzzle 17***

Words	Antonym 1	Antonym 2

Note 5 Words from ***Puzzle 25***

Words	Antonym 1	Antonym 2

Challenge #3

Wonderful, this monster challenge is nothing to you!

Ready for the last one? Choose your 10 favorite words discovered in any of the Puzzles and note them below.

1.	6.
2.	7.
3.	8.
4.	9.
5.	10.

Now, using these words and within a maximum of six sentences, your challenge is to compose a text about a person, animal or place that you love!

Tip: You can use the last blank page of this book as a draft!

Your Writing:

NOTEBOOK:

SEE YOU SOON!

Linguas Classics Team

BESTACTIVITYBOOKS.COM/FREEGAMES

www.ingramcontent.com/pod-product-compliance
Lightning Source LLC
Chambersburg PA
CBHW082147120626
46553CB00010B/2795

* 9 7 9 8 8 9 6 7 0 8 1 7 9 *